Oxana Zornow

Keine Angst mehr

Ein Selbsthilfebuch über Angst und Depressionen

Keine Angst mehr
Oxana Zornow
Copyright: © 2013 Oxana Zornow
All rights reserved
oxana28@gmx.de
ISBN-13: 978-1494219512
ISBN-10: 1494219514

Inhaltsverzeichnis

Inhaltsverzeichnis..
Vorwort ....
Meine Angst und ich..
Entstehung der Angst..
Wie ich damit umgehe? ....
Einsamkeit ....
Was tun?..
Allein sein ....
Keine Angst! ....
Selbstachtung ....
Was sind Probleme? ....
Wie soll man auf schlechte Ereignisse reagieren? ....
Wie kann man schlechte Laune vertreiben? ....
Sich selbst kennenlernen...
Schluss mit den Depressionen..
Angst & Co ....
Wie kann ich positiv auf negative Menschen reagieren? ....
Ein guter Anführer, wie ist der? ....
Epilog..

Vorwort

Hallo lieber Leser,

ich werde mich an dieser Stelle mit dem Thema *Angst* auseinandersetzen. Nein, denk bitte nicht an diese ewigen und trockenen Fachbegriffe. Ich bin auch kein Psychologe und will dich nicht mit allen möglichen Fachbegriffen überfordern. *Angst* ist für mich ein Thema, über das ich jetzt, nach fast acht Jahren, frei und ohne Scheu sprechen kann. Vor ein paar Jahren war das noch so gut wie unmöglich.

Ich hoffe stark, dir an dieser Stelle behilflich sein zu können, denn meine Ängste und alle möglichen Begleitsymptome waren nicht gerade zum Entspannen, das muss ich dir ehrlich zugestehen. Ich werde versuchen dir zu helfen oder zumindest etwas Kraft mitzugeben, sodass du an dich glauben kannst. Das wäre doch schon die halbe Miete, nicht wahr? Ich versuche mich so kurz wie möglich zu fassen und trotzdem verständlich zu bleiben.

Meine Angst und ich

Als ich vor acht Jahren vor der Entscheidung stand meine Heimat zu verlassen, wusste ich wirklich nicht, was für Schwierigkeiten und sich daraus entwickelnde Ängste auf mich zukommen würden. Ich denke, ich bin nicht die Einzige, die schon mal in einer solchen Situation war und mit dem Gedanken gespielt hat Land, Familie, Alltag und Freunde, die gesamte bisherige Welt zu verlassen. Über die Ängste denkt man, natürlicherweise, irgendwie erst ganz zum Schluss nach. Meistens wenn sie schon da sind und man versucht, sich damit im Alltag auseinanderzusetzen. Meine Angst war mir auch noch nicht völlig bewusst. Ich musste durch alle möglichen bürokratischen 'Formalitäten' durch. Zuerst ewiger Papierkram und jede Menge Absagen. Schon allein das würde manch einem schnell die Kraft rauben. Und die Kraft? Die Kraft weiterzukämpfen? Ich stand schließlich endlich in meinem Traumland Deutschland, mit einem blauen Koffer, so groß wie eine etwas größere Einkaufstasche. Ich wollte neu anfangen — oder um genau zu sein: versuchen aus meinem Leben einen glücklichen Neuanfang zu basteln. Nach einer gescheiterten Ehe hatte ich irgendwann begriffen, dass es so nicht weiterging.

Ich wachte in einem kleinen provinziellen altdeutschen Hotel auf. Ich hatte kein Mobiltelefon, kein Geld. Alles was ich mit auf den Weg nehmen konnte, war immer noch mein blauer Koffer und immer noch starke Hoffnung. Meine Angst war mir damals, im Jahre 2005 noch nicht wirklich bewusst. Ich lebte von Tag zu Tag und hatte einen starken Willen. Ich hatte nicht versucht und auch nicht vor zu versuchen, mich mit dem Thema *Angst* auseinanderzusetzen, das kam erst später. — erst als die Symptome schon fast unerträglich wurden. Aus jetziger Sicht kann ich es nicht wirklich beurteilen, ob es richtig war oder falsch, dass ich jahrelang nichts dagegen unternommen hatte. Aber ich gehe stark davon aus, dass ich da nicht die Einzige war. So ist das öfter im Leben: Solange wir keine stark belastenden Symptome erleiden, wenn ich es so ausdrücken darf, unternehmen wir in den meisten Fällen absolut nichts. Man lebt weiter und versucht einfach nur das Leben zu genießen.

Erst später, wenn die Angstsymptome und deren starke Belastung unerträglich werden, versucht man etwas dagegen zu tun. Ich danke es meinem Sohn, dass er immer an meine Seite war. Er ist ein kleiner vierjähriger, neugieriger junger Mann. Wie jedes Kind braucht er viel Zuneigung und Aufmerksamkeit seiner Mutter. Und das ist einer von mehreren Aspekten, die ich später in diesem Buch ansprechen werde, die die menschliche Psyche so positiv beeinflussen können: Beschäftigung statt Einsamkeit! Das predige ich sogar immer noch mir selber — und ich bin schon mindestens acht Monate lang frei von Panikattacken und Angst ohne Grund.

Entstehung der Angst

Aus der Schule weiß ich noch, dass der Begriff *Angst* wirklich uralt ist. Auf Lateinisch bedeutet er *Enge, Bedrängnis*. Er stammt aus dem achten Jahrhundert. Natürlich hatten die Menschen auch damals schon Angst. Das Gehirn des Menschen reagiert auf bestimmte Reize, zum Beispiel Kälte und Wärme. Aber auch in der Natur gibt es Ängste. Wenn ein Hase einen Fuchs sieht, so verfällt er sofort in einen angstvollen Zustand und dadurch entsteht eine natürliche Reaktion, als Antwort auf die Angst. Das ist in diesem Fall Flucht. Die Situation bestimmt über die Angst. Um genau zu sein: über die Menge des auszuschüttenden Adrenalins. Klingt doch lecker, nicht wahr? Also, wir entnehmen daraus einfach, dass Angst eine ganz und gar natürliche und nicht nur menschliche Reaktion ist. Wir Menschen gehen nur anders damit um, ganz individuell; mit allen möglichen Panikattacken und sich daraus entwickelnden Störungen und jeder Menge plagender Begleitsymptome. Ja, genauso nenne ich das. Ich will nicht viel über die Definition schreiben. Ich denke, mir fehlt dazu der fachliche Hintergrund. Aber ich bin nun mal jetzt so weit und werde versuchen dir über die Ängste zu erzählen. Ja, wirklich zu erzählen. Denn, wie es sich aus meiner persönlichen Erfahrung ergeben hat, sind Ängste nun mal immer da. Das gehört zu unserem wunderschönen Körper dazu. Und das wollen wir doch gar nicht abschaffen. Was muss, kann bleiben. Wir lernen nur damit umgehen zu können. Angst, Panikattacken und daraus entstehende Depressionen sollen es nicht schaffen unser Willen negativ zu beeinflussen.

Ängste, Probleme im Alltag, Einsamkeit — all das löst deine natürliche Körperreaktion *Angst* aus. Aber wie du damit umgehst, steht auf einem anderen Blatt.

Alle Menschen auf dieser Welt verfügen über die Bereitschaft, auf eine bestimmte Weise Angst zu erleben. Nur es kommt natürlich darauf an, wie du selbst diese Bereitschaft interpretierst. Eher unbewusst. Es gibt zum Beispiel Menschen, die können, ohne besonders große Anstrengungen zu unternehmen, auch starke Angstsituationen überstehen, ohne dabei an besonders großer Angst zu leiden. Mit solchen Angstsituationen meine ich zum Beispiel lebensgefährliche Unfälle, Misshandlungen, Scheidungen und andere unangenehme Sachen. Es gibt aber andere Menschen, die wiederum stark unter solchen Erlebnissen leidet und es können sogar psychische Störungen dadurch entstehen, die auf Dauer den Körper unwahrscheinlich stark beeinflussen und zu Krankheiten wie Depressionen führen können. Es kann sogar so weit kommen, dass man sich schon durch jede banale Kleinigkeit gekränkt fühlt. Deshalb ist es unwahrscheinlich wichtig, wie du mit deinen Ängsten umgehst. Lass es gar nicht erst so weit kommen.

Viele Psychologen vermuten, dass die Veranlagung zur Angst schon bei der Geburt besteht. Besonders bemerkbar ist es bei temperamentvollen Menschen. So, wie du auf bestimmte neue und für dich unbekannte Reize reagierst, genau auf diese Weise versteht sich deine Angstbereitschaft. Wie weit bist du bereit, Angst zu haben? Das mag etwas lustig klingen, aber wir wollen doch alles positiv sehen. Du kannst, eine unbekannte, für dich vielleicht beängstigende Situation völlig spaßhaft und lustvoll betrachten. Versuch einfach nur Spaß an deiner Angst zu haben. Mit anderen Worten: Mach das Beste daraus!

Es hängt allein von dir und deinem Umfeld ab, ob deine Angstbereitschaft gleich bleibt, abnimmt oder sogar zunimmt. Und es hängt auch davon ab, wie du selbst deine Angst wahrnimmst und wie du damit umgehst. Ich bin fest davon überzeugt, dass du insgeheim ein mutiger und gelassener Mensch dir immer sicher bist. Versuche einfach das Vertrauen zu deinem Umfeld etwas aufzubauen — und auch Vertrauen zu dir selber, was unheimlich wichtig ist. Ich weiß, es ist sehr schwer ohne große Angst und Unsicherheit auf alles Neue zu reagieren, aber das schaffst du. Lass deine Angst nicht Besitz von dir ergreifen.

Diese Eigenschaft — seine Angstbereitschaft im Griff zu halten — ist, glaube ich, die höchste Umgangskompetenz mit eigenen Gefühlsregungen. Wenn es dir einmal wirklich gelingt deinen Angstzustand zu bewältigen und die Situation im Griff zu haben, wirst du selber spüren, wie deine Angst sich regulieren lässt. Es ist ein wunderschönes Gefühl. Glaub mir! Das erste Mal, als ich es bewusst geschafft hatte, meine kommende Panikattacke im Zaum zu halten, bleibt mir unvergesslich. Ja, es ist wirklich unvergesslich für einen Menschen, der schon jahrelang mit solchen Sachen kämpfen musste. Und man weiß danach wirklich, dass man sich auf dem richtigen Weg befindet. Ich durfte es direkt im Gerichtssaal erleben, während meiner Scheidung. Ich schwöre dir: Ich dachte, ich würde ohnmächtig oder auch gleich dort sterben. Man hat unwahrscheinlich viele Gedanken zu dem Zeitpunkt, die einen wirklich fast verrückt machen können. Aber: Ich habe es wirklich geschafft. Das kann ich voller Stolz sagen. Ich habe es geschafft, ohne endlose Termine beim Psychologen, Antidepressiva und Co. Und wie? Ich erzähle dir darüber … und ich weiß, du kannst es auch schaffen. Du musst nur an dich glauben.

Wie ich damit umgehe?

Wie ich dir schon vorhin gesagt habe, stecken all die Ängste in jedem von uns. Die Hauptfrage wäre, wie man damit umgeht. Und damit komme ich wieder zurück zu meiner einsamen und angstvollen Biografie: Irgendwann mal hatte ich angefangen zu leben. Endlich mal leben oder es zumindest versuchen, wie jeder normale Mensch, der danach strebt. Im Sommer 2006, nach der Scheidung, war ich wirklich völlig auf mich allein gestellt. Meine Ehe dauerte nur sechs Monate. Manche werden da vielleicht sagen: "Hey, du bist ja ein wahrer Held! Sechs Monate Ehe!" Nein, im Ernst: Ich versuche immer noch, nach zahlreichen Versuchen, *etwas* zu sein. Jetzt bin ich wirklich etwas optimistischer und mein Wille scheint mir noch stärker zu sein als zuvor.

Lieber Leser, wenn ich es darf, werde ich dich duzen. Und ich wünsche sehr stak und vom ganzen Herzen, dass du es auch schaffst, deine Angst und Panikattacken in den Griff zu bekommen — und nicht umgekehrt.
Viele von uns tragen all diese Ängste teilweise schon seit der Kindheit mit sich herum. Überleg doch mal: Was ist das für eine gewaltige Zeitspanne, über die unsere Ängste für uns immer natürlicher werden! Ja, so sehe ich das: sie werden natürlicher, quasi zur Normalität und nicht irgendwie *anders*. Ich habe niemals versucht — als mir bewusst wurde, mit welch gewaltigem Problem ich zu kämpfen habe — meine Angst und Co als negativ zu sehen. Genau im Gegenteil. Mein Tipp: Versuch es einfach.

Als Kleinkind sind wir eigentlich ziemlich angstfrei, also zumindest nicht in der Form, die ich dir schon vorhin beschrieben habe. Hast du schon mal in deiner glücklichen und angstfreien Kindheit die heiße Herdplatte berührt oder wurdest von einem Hund gebissen? Hattest du Angst vor dem Alleinsein oder Ähnliches? Das haben wir doch alle oft von unseren lieben Eltern zu hören bekommen: "Sei vorsichtig, es ist heiß und du kannst dir die Finger verbrennen!" So oder so ähnlich. Hauptsache du verstehst, was ich dir damit sagen will. Erst wenn du als Kind wirklich gespürt hast, wie sich die heiße Herdplatte anfühlt, erst dann merkt man, was die Mama eigentlich meinte.
Also man schränkt sich als Kind selber ein und erlernt dieses Verhalten von Tag zu Tag; und es spiegelt sich noch heute in uns wieder. Allein im dunklen Zimmer? Das mag ich immer noch nicht. Jetzt bin ich wirklich ehrlich und das muss man ja auch sein, wenn man über seine Angst oder die alten Ängste spricht. Ich nenne das: *Ängste aus der Vergangenheit*. Ich genieße es jetzt, das aussprechen zu können. Nein, nicht *ausdrücken* oder bloß *sagen*. Eben *aussprechen*. "Ich habe Ängste." Ja, immer noch. Und dabei bleibt es auch. Nur habe ich im Laufe der Zeit gelernt damit umgehen zu können.
Versuch deine Angst als etwas völlig Normales und Harmloses zu akzeptieren. Du musst dir klarmachen, dass die Ängste zu unserem Leben dazugehören. Man wird damit täglich im Alltag konfron-

tiert. Und man lernt auch, natürlich bzw. richtig damit umgehen zu können.

Jedes Mal, wenn du dich auf etwas Neues in deinem Leben einlässt (Reise, Studium, Prüfung etc.), können die Ängste regelmäßig auftreten. Sei dir im Klaren darüber, dass das nicht gefährlich ist. Ganz im Gegenteil: Unsere Ängste stimulieren das Nervensystem und machen es damit für bestimmte Handlungen brauchbarer.

Wichtig ist, dass du deine Ängste nicht außer Kontrolle geraten lässt und sie schön im Griff behältst, denn ständige Überreaktionen machen dich nicht gerade stressresistenter, sondern belasten nur unnötig Körper und Psyche. Lass dich nicht von Angst beeinflussen, denn krankhafte Angst hat oft mit Situationen zu tun, die für das Leben absolut ungefährlich sind.

Versuch nur zu akzeptieren, dass deine Angst eine völlig normale und natürliche Körperreaktion ist, die leider nur zur falschen Zeit am falschen Ort auftritt. Nutze deine Einsamkeit, deinen Stress. Ja, nutze das alles schamlos aus. Genauso wie du ausgenutzt wirst von all diesen schamlosen und völlig harmlosen Sachen.

Versuche Vertrauen zu dir selbst und deinem Körper zu entwickeln. Deine ständige Angst unheilbar krank zu sein oder einen Herzinfarkt zu bekommen macht dich nur noch abhängiger von deinem Problem. Man zieht sich mehr in sich zurück, redet mit niemandem mehr, hat Angst sich zu öffnen und über sein Problem mit einem vertrauten Menschen zu sprechen. Mit einfachen Worten: Man gibt sich selbst und seinem Körper keine Chance mehr, aus dem Teufelskreis herauszukommen. Jede noch so geringe Anspannung, jede Kleinigkeit kann eine gewaltige Panikattacke auslösen.

Während ich mit meinen Ängsten zu kämpfen hatte, stellte ich eine seltsame Eigenschaft bei mir selber fest: Ich hatte immer kontrollieren müssen, ob die Lichtschalter aus sind, ob die Herdplatte kalt ist, ob der Toaster aus ist. Ich wollte es überhaupt nicht, es war ein Zwang — man wird manchmal von seiner Psyche dazu gezwungen.

Ich denke, das kennst du vielleicht auch. Um das zwanghafte Verhalten komplett abzulegen mach dir bewusst, dass es Verhaltensweisen sind, die sich über lange Zeit entwickeln — man muss einfach nur sehr locker und entspannt bleiben. Dafür wirst du eine

Weile brauchen, aber jedes Mal, wenn du denkst etwas mehrmals zu kontrollieren, entspanne dich, zähle bis zehn und lege dich kurz hin. Denke an deine Atmung, bleibe schön ruhig und gelassen. Du hast absolut nichts vergessen! Dein Toaster ist aus und deine Angst ist weg. Es kommt zur keiner Katastrophe, wenn man sein zwanghaftes Verhalten einfach unterlässt.

Nächster Schritt: Arbeite an deinem Selbstwertgefühl. Es ist leider oft so, dass man, wenn man lange unter seiner Angst leidet, immer unzufriedener mit sich selbst wird und sich praktisch aufgibt. Man erlebt sich selbst oft als *Versager*. Natürlich steht schon die nächste Depression bereit. Aber nein, so geht das nicht! Das ist ein Teufelskreis. Man denkt, man hat keinen Ausweg mehr. Aber: Es gibt immer einen Weg! Egal, wie schwer es dir fällt musst du versuchen, dich selber wieder neu zu erleben. Versuche dich Schritt für Schritt von deinen wunderbaren menschlichen Fähigkeiten zu überzeugen. Du bist dein eigener Autor.

Erwarte keine großen Spontanerfolge, die gibt es leider nicht. Freue dich über jeden kleinen Schritt, den du allein geschafft hast. Selbst der kleinste Fortschritt ist ein Erfolg.

Ein Beispiel aus meiner Vergangenheit … ich hatte mit solchen Gedanken zu kämpfen: *Ich werde es nicht schaffen* oder *Ich bin ein Versager* oder *Was soll meine Familie über mich denken?* Ich hatte damals viele Bewerbungen geschrieben, mein Traum war Flugbegleiterin zu werden. Ja, das wollte ich unbedingt werden, da wollte ich unbedingt hin. Ich war wie besessen und hatte während dieser Zeit ein komisches Verhalten entwickelt: Ängste, falsche Vorstellungen, zu hohe Erwartungen. Natürlich habe ich die Stelle nicht bekommen und mein Selbstwertgefühl war völlig im Eimer.

Aber es zählt doch der Versuch an sich. Sag zu dir selber: "Ich versage überhaupt nicht, wenn ich es nicht schaffe. Das Leben geht trotzdem weiter. Ich habe es versucht und es war eine große Leistung." Lerne das Wort *Nein* zu sagen, egal wie schwer es dir fällt. Lerne dich zu äußern und deine starke Meinung zu vertreten. Nimm dich selbst so an, wie du bist. Versuche immer konstruktiv zu bleiben, Ruhe zu bewahren. Lerne mit Kritik umzugehen. Wenn du auf jemanden sehr sauer bist — ich weiß, es ist schwer sich zurückzuhalten — dann versuche deine Kritik in einer Wunschform auszusprechen. Verzichte auf jegliche persönliche

Abwertung und bleibe gelassen und konstruktiv.

'Wir lesen alle viel im Internet. Dort wird das Thema *Angst* auf alle möglichen Arten und Weisen beschrieben. Die Menschen versuchen Ihre Ängste mit allen möglichen körperlichen Symptomen zu beschreiben und verständlich zu machen. Ausdrücke wie: *Ich zitterte vor lauter Angst, Mir wurde schwindelig und übel vor Angst* usw. machen es dir nur noch schwerer. Ich verstehe, dass es perfekt in dein Angstschema hineinpasst, denn Schwindel, Schweißausbrüche, Schlafstörungen und Herzbeschwerden kennst du sicher nicht nur vom Hörensagen.

Bevor du mit deiner langen und nicht gerade erfreulichen Krankheitsgeschichte beginnst, lass dich zuerst gründlich von deinem Arzt untersuchen. Vertrau ihm einfach. Und versuche offen zu reden. Dein Arzt hatte mit solchen Symptomen sicher schon mal zu tun, für ihn ist das nur Alltag. Ganz unabhängig davon, ob es Luftnot oder Durchfall, Kopfschmerzen oder Kraftlosigkeit ist: rede mit deinem Arzt, und du wirst dich danach besser fühlen. Denn ich sehe es als ein kleinen Erfolg, als Fortschritt — als: geschafft! — sich zu öffnen und über die eigene Angst offen zu sprechen.
Wenn dein Arzt dich als *bei bester körperlicher Gesundheit* bezeichnet, dann ist die Ursache so gut wie klar: Es ist nur deine Angst. Es ist nicht körperlich bedingt, also wirst du nicht so schnell und einfach sterben. Es ist nur dein Adrenalin, das etwas verrückt spielt. Das ist ein Stresshormon, dessen Inhalt in deinem Körper etwas übers Ziel hinausgeschossen ist. Mehr ist es wirklich nicht. Übrigens, um dein Adrenalin zu senken, empfehle ich dir einfach nur etwas Bewegung und Sport. Immerhin versuchen wir nicht nur Symptome, sondern auch die Ursache zu bewältigen.

Als Nächstes und etwas ganz Wichtiges würde ich sagen: Du musst versuchen deine Angst einfach zu akzeptieren und gleichzeitig handeln. Egal, wie hilflos du dich deiner Angst gegenüber manchmal fühlst. Weißt du, ich habe zwei Scheidungen hinter mir und einen langen Kampf gegen die Angst. Man begreift im Laufe der Zeit, dass man sich und seine Angst so wahrnehmen und akzeptieren sollte, wie es ist. Aber: nicht einfach hilflos rumsitzen, sondern sich wehren, indem man seine Angst auf sich zukommen lässt. Es kostet sehr viel Energie, aber es lohnt sich. Dein Selbstvertrauen wird dadurch stetig wachsen und die Angst lässt nach. Sie ist einfach nur am falschen Ort und zur falschen Zeit aufgetreten. Nimm es gelassen.

Ich fühlte mich früher oft als *armes Kaninchen*. Ich traute mich nur in Begleitung auf die Straße. Sogar um ein paar einfache Einkäufe zu erledigen, nahm ich immer eine Freundin mit. Man entwickelt auf Dauer eine Art von Verhalten, das über einen bestimmt. Man fühlt sich hilflos, erschöpft. Man sucht nach Mitleid, auch Selbstmitleid. Man entwickelt ständig Ärgergefühle gegen alle anderen; man ist enttäuscht von sich selbst.
Meine Beziehung ging dem Bach runter, denn ich war ständig und fast täglich unzufrieden und eifersüchtig. Vor allen Dingen: unzufrieden mit der ganzen Welt. Man denkt oft nicht an sich selbst als Ursache. Man kann sich aus dieser Falle nur befreien, indem man versucht zu anerkennen, dass man für alle diese Situationen im Alltagsleben selbst die Verantwortung trägt und man selbst für eigene Handlungen verantwortlich ist.

Wenn du Beruhigungsmittel nimmst, dann versuche bitte diese so weit wie möglich zu begrenzen. Wie du weißt helfen die Beruhigungsmittel nur die Symptome zu beseitigen, aber nicht die Ursache. Und sie wirken nur eine bestimmte Zeit. Dadurch lernst du nicht den richtigen Umgang mit deiner Angst.
Beruhigungsmittel können nur dann eventuell sinnvoll sein, wenn du zum Beispiel unter Prüfungsstress stehst oder dich nicht allein auf die Straße traust vor lauter Angst. Zum Anfang ist das dann noch in Ordnung, aber immer mit Vorsicht zu genießen! Viele Beruhigungsmittel machen auch noch abhängig. Das würde dann heißen, du wirst dich irgendwann nicht mehr auf die Straße trauen, ohne vorher Beruhigungsmittel zu nehmen. Ich finde, bei einer Angststörung sollte man mit Beruhigungsmittel vorsichtig und sparsam umgehen und am besten so weit wie möglich das Ganze begrenzen. Es ist keine Dauerlösung!
Ich nahm ganz lange Baldrian und es wirkte fast so gut wie gar nicht. Ich wurde dadurch nicht ruhiger, sonder schläfriger. Ich war zu absolut nichts zu gebrauchen. Ich wollte nur das eine: schlafen.

Eines Tages hatte ich es überdosiert. Ja, es ist wirklich möglich Baldrian über zu dosieren. Es führt zu einer Art Alkoholvergiftung. Da hatte ich meine lange vermissten Panikattacken wieder. Es war nicht gefährlich, aber lästig. Also: Es ist auf Dauer keine Lösung.

Du denkst jetzt vielleicht: *Wie einfach sich das alles sagen lässt und wie einfach es ist anderen Tipps und Ratschläge zu geben.* Aber ich bitte dich um das eine: Vertrau mir, denn ich hatte viele Jahre damit zu kämpfen und weiß, wovon ich rede.

Versuche immer dich deiner Angst auszusetzen. Weißt du, was ich damit meine? Wenn du plötzlich wieder Angst hast, dann ist dir klar: Du kannst dir deine Angst nicht ausreden. Versuche einfach nur standzuhalten. Wenn du eines Tages soweit bist, dass du es geschafft hast, dann wirst du sehen, dass es im Endeffekt viel weniger schlimm ist die Angst zu überwinden, als dieses ewige Gefühl der Hilflosigkeit mit sich herumzuschleppen.
Stell dich deiner Angst entgegen und spüre deine neue Energie. Es wird dir leichter fallen Entscheidungen zu treffen, denn man hat damit gewaltige Probleme, wenn man an einer Angststörung leidet. Glaub mir: es ist ein schleichender Prozess, es kommt langsam.
Lass dich bewusst auf dein Risiko ein. Immer wieder und erneut. Je öfter dir es gelingt deine Panikattacke zu überwinden, desto stärker und energiegeladener fühlst du dich.
Wenn du merkst, dass es nicht mehr auszuhalten ist und du wirklich aus deiner Angstsituation fliehen willst, dann bedenke: du wirst beim nächsten Mal nur noch größere Angst haben. Indem du fliehst beendest du zwar deine Angst auslösende Situation, aber in Wirklichkeit erfährst du dabei absolut nicht, wie harmlos die Situation eigentlich ist.

Ein Beispiel aus meinem Leben, zum Lieblingsthema *Zahnarztangst*: Damit hatte ich wirklich mehrere Jahre zu kämpfen. *Kämpfen* ist eigentlich im meinem Fall der komplett falsche Ausdruck. Ich wollte, das sage ich jetzt ehrlich, damit absolut nichts zu tun haben. Es hatte mich lange nicht gestört, dass die Zähne wirklich in schlimmem Zustand waren. Ich hatte keine besonders starken Schmerzen und dachte einfach: *Es gibt viele Menschen auf der Welt, die das gleiche Problem haben. Es wird irgendwie schon werden.* Ja, so leichtsinnig wie es sich anhört lebte ich damit weiter und schleppte mein Problem über die Jahre immer mit. Ungefähr nach fünf Jahren stellte ich fest, dass ich nicht mehr lächeln mochte. Ich wollte mich nicht mehr im Spiegel anlächeln. Ich hatte mir sehr seltsame Redetechniken angewöhnt, sodass die anderen Menschen meine Zähne nicht wirklich sehen konnten. Es war mir einfach peinlich. Ich war neidisch, im wahren Sinne des Wortes, auf die Menschen, die es einfach konnten: zum Zahnarzt gehen. Es ist doch simpel: einfach hingehen. Für mich war das damals fast wie der Weltuntergang; ich konnte es nicht wagen. Ich schämte mich mit jemandem darüber zu sprechen, denn ich fürchtete, ich würde vielleicht nicht wirklich verstanden. Für viele Menschen ist der Gang zum Zahnarzt nun mal einfach kein ernst zu nehmendes Problem.

Weißt du, was die Lösung für mein Problem war? Du wirst es nicht glauben, aber ich hatte mich für einen Praktikumsplatz beim Zahnarzt beworben. Und ich habe ihn bekommen. Ungefähr zwei Wochen lang durfte ich von montags bis freitags und von morgens bis abends Zahnreinigungen durchführen und immer dabei sein, wenn ein Patient behandelt wurde. Ich war eine richtige Zahnarztassistentin! Ich, mit meiner monumentalen Zahnarztangst. Nach zwei Wochen und langen Gesprächen mit dem Arzt selbst hatte ich mich entschlossen mich in zahnärztliche Behandlung zu begeben. Ich bekam einen Termin und ging hin. Weißt du, an dem Tag konnte ich die Gefühle eines Tieres, das zum Schlachter gebracht wird, wirklich nachempfinden. Ich bekam eine Betäubungsspritze und es ging los. Zuerst wurden die leichten Sachen erledigt, zur Eingewöhnung. Ungefähr nach dem dritten Zahnarzttermin ging ich problemlos und fast angstfrei hin. Gott, war das einfach! Und das war schon alles? Diese Frage stellte ich mir selber, als nach mehreren Terminen alles erledigt war. Und das war meine Angst, die ich jahrelang mit mir herumgeschleppt hatte? Ehrlich, ich konnte lachen! Endlich konnte ich das. Es war eine wunderbare Erfahrung!

Also, stell dich deiner Angst ganz bewusst entgegen, und du wirst wirklich gute Erfahrungen damit machen. Denn wenn du ausweichst wird sich die Angst mit großer Wahrscheinlichkeit auf immer weitere Bereiche ausdehnen.

Nächster Tipp: Beginne so früh wie möglich mit dem Angsttraining. Suche nicht nach einem Grund, um es auf die lange Bank zu schieben, denn je länger du wartest, desto geringer werden die Chancen das Problem zu lösen. Es ist aber lösbar! Man muss nur etwas dafür tun. Rede dir bitte nicht solche Sachen ein, wie: *Wenn es mir etwas besser geht, dann — vielleicht — fange ich damit an.* Warte nicht auf diesen Moment. Er kommt nicht von allein. Das Training lohnt sich, wenn du dich bewusst deiner Angst entgegensetzt. Denke daran: Angst ist deine Wunde, und sie heilt nicht von alleine. Eine Wunde muss ja immer versorgt werden. Es passiert wirklich sehr selten, dass etwas *von allein weggeht* und es gibt wirklich zahlreiche Techniken für autogenes Training.

Ich denke, eine Angststörung lässt sich grundsätzlich mit einem Angsttraining gut behandeln, solange keine schwerwiegende Störungen vorliegen. Damit meine ich bestimmte Suchtverhalten, Wahnvorstellungen oder Selbstmordgefährdung. In so einem Fall muss man sich sofort in ärztliche Behandlung begeben.

Zum Thema *Beruhigungsmittel* hatte ich hier zwar schon etwas erläutert, aber in diesem kleinen Abschnitt spreche ich nicht nur über Beruhigungsmittel, sondern über Medikamente allgemein.
Mein erster Tipp: Medikamente nur nach streng ärztlicher Anweisung nehmen. Ich weiß, es ist manchmal wirklich sehr schwer sich seiner Angst entgegenzustellen, darum denkt man manchmal an etwas Stärkeres. An etwas, was vielleicht wirklich hilft. Doch da ist Vorsicht geboten! Man ist in der Situation nicht objektiv und schießt möglicherweise mit Kanonen auf Spatzen.
Ich denke dir ist bewusst, dass viele starke Arzneimittel auch starke Nebenwirkungen haben können. Frage lieber immer deinen Arzt um Rat und halte dich dran, statt selbst herumzuexperimentieren.
Als mein Kind ungefähr ein Jahr alt war, hatte ich wirklich heftige Panikattacken. Eines Tages ging ich zum Psychologen und bekam am gleichen Tag ein Rezept für ein starkes Antidepressiva. Da war erstmal der Preis, denn ich musste es selbst bezahlen — ich habe das Zeug aber nicht eingenommen. Es reichte mir nur die Verpackung zu öffnen und den Beipackzettel durchzulesen — die Nebenwirkungen waren gruselig. Es landete zwar nicht sofort in der

Mülltonne, aber ganz weit hinten im Schrank. An dem Tag hatte ich mich fest entschlossen, selbst etwas gegen meine Angst zu unternehmen.

Verzichte besonders darauf Medikamente auf eigene Faust auszuprobieren oder die vom Arzt empfohlene Dosierung zu überschreiten.

Eine meine Freundinnen, die auch ganz lange mit ihren Ängsten zu kämpfen hatte, bekam von ihrem Arzt Antidepressiva verschrieben. Als wir uns mal über unser gemeinsames Problem unterhalten haben, hat sie mir ihr Medikament zum *Probieren* angeboten und meinte gleich: "Es wirkt wirklich gut und schnell, es wird dir auch helfen." — Ich will mich nicht wie eine Klugscheißerin hier hinstellen, aber ich habe abgelehnt, freundlich und direkt. Und das empfehle ich dir ebenso. Auf keinen Fall ein Medikament ausprobieren, was einer anderen Person verschrieben wurde. Das Gleiche gilt aber auch umgekehrt: Gebe niemals deine Medikamente an jemanden weiter, denn das kann wirklich fatale Folgen haben.

Deine Angst ist wie ein Pferd, das noch nie geritten wurde. Wenn du es im Zaum hältst, so wird es dir gehorchen.

Ich hatte bei mir eine seltsame Eigenschaft beobachtet: An den Tagen, an denen ich mir ein bis drei Tassen Kaffee erlaubt hatte, fühlte ich mich außergewöhnlich seltsam. Ich wollte es lange nicht glauben, dass Koffein bei mir eine Panikattacke auslösen konnte. Ich liebe *Caffè Latte*! Manchmal erlaubte ich mir während einer Mittagspause ein bis zwei Tassen Kaffee mit Milch. Ganz ehrlich, ich konnte danach überhaupt nicht normal weiterarbeiten. Ich konnte mich auf nichts mehr konzentrieren. Ich bekam kalte Hände, mir war sogar an warmen Sommertagen kalt. Ich zitterte richtig. Ich zitterte vor Angst. Und der Auslöser dafür war Kaffee! Später hatte ich mich darüber informiert, dass Genussmittel wie Kaffee, schwarzer Tee, Cola und sogar koffeinhaltige Medikamente den Körper wirklich im wahrsten Sinne des Wortes in eine Art Aufregungszustand versetzen können, durch den man Angst und Panikattacken bekommen kann. Das Gleiche gilt auch fürs Rauchen. Viele meinen, dass Rauchen eine Angst verringernde Wirkung habe, aber das ist doch nur Einbildung! Durch Rauchen wird der Sauerstofftransport im Körper erschwert und es kann sogar eine Art Luftnot auslösen — also eines des Begleitsymptome der Panikattacke.

Ich habe komplett auf meine Liebe zum Kaffee verzichtet und mich stattdessen zu einem Yogakurs angemeldet. Man lernt unwahrscheinlich viele Entspannungstechniken, die eine unbeschreiblich gute Wirkung auf den Körper haben. Eine von diesen Techniken, die sich wirklich gut bewährt hat, ist Muskel-Relaxation. Man kann damit seinen Erregungszustand so weit verringern, dass die Panikstufe erst gar nicht erreicht wird. Ich habe gelernt mit meinem Körper gesund umzugehen und gesund zu atmen. Es sind verschiedene Bauchatmungstechniken oder dass man versucht mit längerer Ein- und Ausatmung zu atmen.

Hier ist eine einfache Übung, die ich mir angewöhnt habe, das kannst du auch im Liegen machen — je nachdem, wie es dir besser gefällt. Spann deinen Körper an. Halte die Spannung zwischen fünf und zehn Sekunden, danach versuche die Spannung richtig in dich hinein zu spüren, 30 Sekunden lang. Du kannst die Übung danach noch einmal wiederholen.

Als Nächstes eine Entspannungsübung für den Bauch: Versuche deinen Bauch so weit es geht herauszustrecken. Danach löst du die Spannung wieder und machst eine kurze Pause. Dann ziehst du deinen Bauch so weit wie möglich in dich hinein. Danach löst du die Spannung wieder und machst eine entspannende Pause.

Zusätzlich gibt es entsprechende Übungen für die verschiedenen Körperteile: Schultern, Arme, Gesicht etc.

Einsamkeit

Jetzt erzähle ich dir etwas über Einsamkeit.

Weißt du, die Menschen werden oft einsam, wenn sie aufgegeben wurden. Das kann die erste Liebe sein, die einfach einseitig beendet wurde … man kann es lange nicht vergessen und leidet darunter. Und sofort bildet sich ein gefährlicher Gedanke: Man kann niemandem vertrauen. Dieser Gedanke ist dadurch gefährlich, dass starke negative Energie verstreut wird, die anderen Menschen um einen herum können es irgendwie intuitiv spüren. Im Endeffekt bildet man sich eine negative Wolke und lebt darin in einer eigenen Welt, die vom Negativen gesteuert wird.

Ein Mensch, der immer unzufrieden und sauer auf die ganze Welt ist, bleibt oft allein und wird einsam. Die Menschen um ihn herum sehen nur seine *schwarze*, negative Seite, aber übersehen seine gute Seite. Dieser Mensch wird dann fast ständig von anderen übersehen. Vielleicht liegt es daran, dass es oft hübsche und intelligente Frauen sind, die für die meisten Männer nicht so interessant sind. Die männliche Seite der Menschheit wird einfach durch die negative Energie solcher Frauen irritiert. Im Gegenteil: Eine positiv geladene Frau ist immer offen und gut gelaunt, die männliche Seite spürt ihren Charme und Optimismus. Solche Frauen bleiben nie alleine.

Manche fühlen sich einsam nach dem Verlust eines geliebten Menschen. Man gewöhnt sich stark an diese Person, will nicht akzeptieren, dass es sie nicht mehr gibt. Niemand auf der ganzen Welt kann diesen Menschen ersetzen. Man wird manchmal sogar wegen der eigenen Mutter einsam. Wenn man sich während der Kindheit versucht seiner Mutter gegenüber zu öffnen, aber auf eine Wand aus Unverständnis stößt, dann wird man nach dieser stressigen Erfahrung oft in sich gekehrt. Später hat man dann oft Probleme in der Beziehung, denn man ist nun sehr misstrauisch und zweifelt an allem und jedem, glaubt niemandem mehr.

Aufgrund der Einsamkeit hat man oft ein sehr passives Leben, man ist unzufrieden und findet dafür Tausende von Gründen. Es fällt einem sehr leicht andere zu beschuldigen. Man hasst die Einsamkeit und weigert sich einzusehen, dass man an seiner Einsamkeit selber schuld ist, und nicht irgendjemand anders. An dem Punkt angekommen, kann man nicht mehr auf andere zugehen, man wartet nur dass jemand kommt und sich darum kümmert, dass alles wieder in Ordnung kommt.

Es gibt Menschen, die die Einsamkeit lieben. Das können sich die meisten nicht vorstellen. Es gibt aber auch Menschen, die Angst vor anderen haben, dann ist es eine soziale Phobie. Sozialphobiker flüchten in die Einsamkeit. Besonders, wenn sie noch dazu von den Lebensumständen gezwungen werden, täglich mit anderen Menschen zu kommunizieren; dadurch verstärken sich nur die versteckten Ängste und Bosheit, die Aggression gegenüber den anderen wird immer größer. Diese Menschen sehen sich ständig als

Ziel böswilliger Angriffe und durch all diese Einbildung wird man in der Folge krank.

Eben diese Angst, die Angst vor der Einsamkeit hindert uns daran das Leben einfach zu genießen und lässt uns manchmal sehr dumme Sachen machen. Man heiratet einen Mann, den man gar nicht liebt, bloß um nicht allein und einsam zu sein. Man wird schnell schwanger, damit es bloß nicht zu spät wird. Man versucht die Ehe zu retten, obwohl schon gar nichts mehr zu retten ist. Man bleibt mit einem Mann zusammen, man lässt sich misshandeln, demütigen, um bloß nicht einsam zu sein. Man klammert sich an jeder Möglichkeit fest, klammert sich an die erwachsenen Kinder und mischt sich komplett in deren Leben ein, damit man bloß nicht einsam und verlassen ist.

Einsamkeit — was ist das?

Einsamkeit ist die Angst vor der Zukunft. Einsamkeit für jetzt und noch ein paar Wochen ist völlig in Ordnung — für die meisten Menschen. Einsamkeit für eine absehbare Zeit ist ja eigentlich gar nicht so schlimm. Schrecklich ist es, wenn die Einsamkeit lange anhält, besonders ein Leben lang. Noch schlimmer ist alt werdende Einsamkeit, Hilflosigkeit, Nutzlosigkeit.

Ich kenne eine Frau, 39 Jahre alt, die ihr ganzes Leben lang mit ihrer Mutter zusammenlebte. Die Mutter bestimmte über alles, sogar über das Privatleben ihrer Tochter. Sie bestimmte sogar, mit welchem Mann sie zusammen sein sollte. Eines Tages wurde ihre Tochter schwanger. Die Mutter führte sie an der Hand zu Abtreibung. Sie kontrollierte ständig ihre *rebellische* Tochter. "Wie kommt es, dass du nach der Arbeit nicht gleich nach Hause gehst?", fragte die Mutter oft. Das Leben ihrer Tochter fand nur zwischen der Arbeit und Zuhause statt. Eines Tages ist die Mutter verstorben und die 39-Jährige blieb komplett allein. Was sollte aus ihrem Leben werden? Sie war nicht mal in der Lage einen Mann kennenzulernen und eine Beziehung zu führen. Sie traute sich nicht mehr zur Arbeit. Sie hatte ein gewaltiges Problem mit allen Menschen um sie herum.

Das war vielleicht ein etwas brutales Beispiel, aber solch eine starke Abhängigkeit von Eltern, ständiger elterlicher Umsorgung und Kontrolle blockieren oft das Glück im Leben des Kindes, besonders das Privatleben. Solche Eltern versuchen ständig ihre Küken vor der ganzen Welt abzuschirmen und vergessen dabei die goldene Mitte.

Weißt du, es gibt bestimmte Lebensgesetze: *Das, wovor wir weglaufen, holt uns trotzdem eines Tages ein.* Und gleichzeitig: *Das, was wir uns so stark wünschen, ist uns leider nicht gegeben.* Man denkt die Chance nicht sausen lassen zu dürfen und klammert sich an einen bestimmten Menschen, in der Hoffnung dadurch der Einsamkeit zu entgehen, bis man eines Tages merkt, dass man in einer selbst gebauten Falle gelandet ist. Oft löst sich dieser eine Mensch, an den man sich geklammert hat, einfach in Luft auf, spielt das Spiel nicht mit, lässt sich nicht missbrauchen oder hat einfach keine Lust mehr. Man sollte nicht alles auf eine Karte setzen, denn damit erreicht man oft nur das Gegenteil und landet in der gefürchteten Einsamkeit. Und auch eine Familie zu gründen ist kein Allheilmittel, keine Garantie gegen Einsamkeit, denn wie kann man jemals sicher sein, dass die Kinder einen vor dem Altwerden oder der Einsamkeit retten? Dass ein Kind einem wirklich Trost spenden kann? Vielleicht ist es mit sich selbst beschäftigt? Muss arbeiten, sich um die eigenen Kinder kümmern … wohnt weit weg, ist krank … es gibt keine Garantie, also darf man auch da nicht nur auf eine Karte setzen. Man kann und darf sich sein Leben nicht so einrichten, dass andere für das eigene Glück verantwortlich sind — nein, man muss es stets so einrichten, dass man selber für sein Glück verantwortlich ist und sich dessen stets bewusst ist … dann fällt es anderen auch viel leichter, etwas dazu beizutragen.

Die Menschen erfüllen oft unsere Erwartungen nicht, besonders, wenn die Erwartungen zu hoch sind. Je weniger wir erwarten, desto weniger werden wir enttäuscht und frustriert. Also sollte man von vornherein keine unnötigen Illusionen entwickeln. Man fühlt sich viel glücklicher, wenn man keine hohen Erwartungen im Leben hat. Man wird weniger frustriert. Familie und Kinder sind noch längst keine Garantie für unsere glückliche Zukunft und gutes Altwerden.

Was tun?

Als Erstes:
Hör auf Angst zu haben. Mit deiner Angst, ziehst du oft selbst die Situationen an, die du fürchtest. Angst hat eine unglaubliche Eigenschaft sich zu manifestieren. Ständige Angst und das Durchspielen unerwünschter Situationen programmieren unser Leben automatisch auf solche Ereignisse.

Zweitens:
Ändere deine ganze Lebenseinstellung und die Sicht der Dinge. Du kannst deine Zukunft nicht vorher wissen, das ist uns auch nicht gegeben. Es ist uns verborgen und das ist gut so. Kein Wahrsager oder Astrologe kann dir solche Auskünfte geben. Glaub mir, es ist ein großes Geschenk, dieses Unwissen. Ein großes Geschenk an die Menschheit.
Es gibt so viele versteckte Wege in unserem Leben und all diese Wege sind die Variationen unserer Zukunft. Deine Zukunft ist in deinen eigenen Händen, sie ist wunderbar und sehr vielschichtig. Wähle dir deinen eigenen Weg und höre auf deine Intuition, habe Vertrauen zu dir selber.

Aber so ist das nun mal. Jeden Augenblick öffnen sich uns ständig neue unbekannte Wege. Hab keine Angst vor allem, was neu und unbekannt ist. Du gehst deinen Weg und lernst dieses Neue kennen. Du hast die Wahl.
Stell dir mal vor, du könntest deine ganze Zukunft schon vorher sehen. Wüsstest du von Negativem, Unerwünschtem, dann würden sich deine Ängste durch dieses Wissen verstärken. Dann würdest du verzweifelt versuchen diese negativen Dinge zu vermeiden und die ganze Zeit nur darüber nachdenken, sodass dir alles verdorben wird — und das nur, weil du es vorher wusstest. Wenn du es aber nicht wüsstest, so könntest du die Zeit bis dahin vergnügt leben und es genießen. Und so ist es auch, wenn man sich einfach keine Sorgen darüber macht, was werden könnte — man weiß es ja nicht und kann nichts daran ändern, also kann man genauso gut die Zeit genießen. Denn es kann ja auch sein, dass die Zukunft ganz toll wird — dann hätte man sich im schlimmsten Fall völlig unnötige

Sorgen gemacht und im anderen Fall, wenn die Zukunft doch nicht so toll wird, hätte man die Zeit bis dahin wenigstens genossen. Wenn man sich aber die ganze Zeit wegen der Zukunft sorgt und sie gut wird, dann waren die Sorgen völlig umsonst und wenn sie schlecht wird, dann hat man auch noch die Zeit bis dahin mit Sorgen ruiniert. Also: Sich vor dem Unbekannten zu sorgen ist immer schlecht.

Aber auch wenn wir nicht wissen wie unsere Zukunft aussehen wird, klammern wir uns an unsere Wünsche, Pläne, Ziele und die möglichen Zukunftsvorstellungen fest. Wir zeichnen uns selbst ein mögliches Bild über unsere Zukunft. Du willst doch unbedingt, dass alles so wird, wie du es dir vorstellst, nicht wahr? Und was, wenn es sogar noch besser wird? Das Festhalten an deinen Plänen und Wünschen hält dir nicht den Weg frei, eventuell etwas Besseres in dein Leben zu lassen. Außerdem macht dich dieses Festklammern von deinen Wünschen und Plänen abhängig, und damit merkst du nicht, wie du es selber langsam zerstörst. Befreie dich und deinen Kopf von jeglichen Abhängigkeiten. Denn das, woran wir uns so festklammern, kann sich jederzeit in Luft auflösen.

Betrachte deine Zukunft mit Neugier und Interesse, denn Angst vor der Zukunft kann sich in eine großartige Neugier verwandeln. Das ist doch wunderbar!

Und was ist das Gegenteil von Angst? Vertrauen und Zuversicht. Habe Vertrauen zu dir selbst. Du kannst deine Angst in Selbstvertrauen umwandeln, Vertrauen zu deinem Leben und deine Intuition. Wenn du das schaffst, wirst du den richtigen Weg wählen. Also: Habe Selbstvertrauen, Vertrauen in deine Fähigkeiten und Fertigkeiten.

Wenn du aufhörst Angst vor der Einsamkeit zu haben, wird dein Leben sich verbessern. Einsamkeit ist ein riesiges Geschenk an uns. Es ist ein wunderbarer Zustand … die Möglichkeit, allein mit sich selbst zu sein. Wer es gelernt hat, mit sich selbst allein zu sein, ohne dabei Angst vor der Einsamkeit zu haben, ist wirklich nie allein. Man ist immer mit dem besten Freund zusammen — mit sich selbst.

Einsamkeit ist eine große Chance für Selbstreflexion. Man hat die

Gelegenheit sein Leben und die Lebensphänomene um einen herum zu analysieren. Nur in diesem Zustand sind wir in der Lage wirklich etwas im Leben zu schaffen — im Einklang mit uns selbst. Ich rede nicht über die Tatsache, dass Einsamkeit Freiheit ist und Freiheit in erster Linie ein innerer Zustand ohne Abhängigkeiten, frei von äußeren Zwängen. Versteh mich bitte nicht falsch! Damit will ich dir auf keinen Fall das Gefühl vermitteln, dass die Einsamkeit toll sei und Familie und Liebe schlecht. Deine Einsamkeit ist ein Teil deiner Lebenserfahrung, eine Phase deines Lebens, die bald vorbei ist. Familie und Liebe — das sind auch Phasen unseres Lebens. Und wenn du schon die Erfahrung des Familienlebens hast und sogar gelernt hast mit deiner Einsamkeit umzugehen … dann bist du ein glücklicher Mensch! Du bist vertraut mit der Vielseitigkeit dieses Lebens.

Versuche deine Einsamkeit als ein Geschenk des Lebens anzusehen. Liebe deine Einsamkeit. Das spüren die anderen dann: deine seelische Ruhe und Harmonie. Und viele Menschen werden dich beneiden, denn nicht viele können das. Genieße deine Einsamkeit — sobald du das schaffst, wird sie verschwinden.

Allein sein

Ist die Angst vor dem Alleinsein pathologisch?

Die meisten Menschen fühlen sich in Gesellschaft einfach besser als allein. Man braucht die Aufmerksamkeit und das Verständnis von anderen Menschen. Man will ständig akzeptiert und respektiert werden. Ich denke dir ist bewusst, dass Kommunikation ein wichtiger und wesentlicher Bestandteil unseres Lebens ist. Es gibt vermutlich keinen Menschen auf der Welt der es lieben würde lange Zeit allein zu sein. Aber das ist noch lange kein Beweis dafür, dass die Angst vor dem Alleinsein normal und unabdingbar ist.

Es gibt sicher auch Formen von Angst als pathologische Abweichungen, die unter bestimmten Umständen auftreten. Aber darüber reden wir nicht, denn ich bin fest davon überzeugt, dass du ein völlig normaler Mensch bist, der sich nur nach etwas Aufmerksamkeit sehnt.

Angst vor der Einsamkeit und Hilfslosigkeit im Augenblick der Gefahr ist ein natürliches Phänomen. Man hofft instinktiv, dass man psychische und körperliche Unterstützung bekommt.
So gibt es im Leben auch Zeiten, wo die Angst vor dem Alleinsein durchaus verständlich ist. Wie ich dir schon erklärt habe: Angst ist eine natürliche Reaktion die, im Falle einer Angststörung, leider nur manchmal am falschem Ort und zur falschen Zeitpunkt auftritt. Die Menschen, die anfällig für Depressionen sind, werden von ihrer Angst oft daran gehindert ein normales Leben zu führen. Manche befürchten, dass die Angst vor dem Alleinsein sich eines Tages in eine echte Phobie verwandelt. Man will ständig in der Nähe von seinen Freunden und Familienangehörigen sein, man braucht diese Menschen. Wichtig ist, dass du deine Angst nicht über dein Leben bestimmen lässt und alle deine Gedanken und Handlungen unter Kontrolle hast.

Wie kommt es zu der Angst vor dem Alleinsein?

Oft stecken die Ursachen für diese Angst in unserer tiefsten Kindheit. Kinder, die ständig an Aufmerksamkeitsmangel leiden erleben später dieses Angstempfinden. Genauso ist es mit Kindern, die ständig mit hohen Anforderungen und Erwartungen ihrer Eltern leben müssen. Mit zunehmendem Alter verstärkt sich das Angstgefühl und scheint immer öfter auftreten. In diesem Fall ist die Grundlage für die Angst die Angst vor der Verantwortung. Aus psychologischer Sicht: Angst vor Einsamkeit ist eine Art der Rückkehr zu einem früheren Stadium der menschlichen Entwicklung. In einigen Fällen bezieht sich die Angst vor der Einsamkeit auf die Angst vor der Zukunft und die damit verbundene Unsicherheit sowie die Angst vor dem Altwerden. Das wollen wir doch wirklich nicht so schnell! Entspann dich und denke lieber an etwas Positives.

Wie kann man einem Menschen helfen, die Angst vor dem Alleinsein zu überwinden?

Ich finde, man sollte die Angst dieses Menschen ernst nehmen. Tatsächlich entwickeln sich, oft wegen der Sorge die Angst nicht alleine überwinden zu können und parallel dazu die Angst vor der Einsamkeit, im Laufe der Zeit deutliche somatische Beschwerden, und in extremen Fällen gibt es sogar Menschen, die an Selbstmord denken. Daher sollte man diesen Hilferuf schon ernst nehmen. Aber anderseits sollte man auch nicht zulassen, dass die Hilfsbereitschaft der anderen missbraucht wird.

Es gibt viele Menschen auf dieser Welt, die Einsamkeit als Lebensweg gewählt haben. In unserem Alltag sind viele ganz und gar allein und einsam. Einige wählen bewusst diesen Zustand, da sie sich in der Isolation besser fühlen —nach dem Verlust des Lebenspartners kann die Einsamkeit allerdings in existenzielle Entfremdung übergehen.

In der heutigen Gesellschaft nimmt die Zahl einsamen Menschen ständig zu. Menschen, die Einsamkeit bevorzugen, versuchen auf diese Weise ihre Individualität zu unterstreichen und sich von der Masse zu lösen. Vorübergehende Einsamkeit kann sogar als angenehm empfunden werden. Man kann etwas tun, was man gerne macht — zum Beispiel, den Hobbys nachgehen, kreativ sein … man kann sich etwas entspannen. Vorübergehende Einsamkeit führt sogar zur Wiederherstellung der körperlichen und seelischen Kräfte. Danach kommt man aber wieder mit neuen Kräften und voller Energie in die Gesellschaft zurück. Solange die Einsamkeit so gesehen werden kann, dann ist es aus meiner Sicht sehr hilfreich ab und zu einsam zu sein.

Unser Leben ist sehr interessant und überraschend, aber in vielen Fällen ist das leider nicht für jeden erkennbar. Ein ausgefülltes und sinnvolles Leben erweist sich manchmal als sehr schwierig, vor allem jetzt, in unserer komplizierten und widersprüchlichen Welt. Schwierigkeiten, Probleme und Stress belasten Körper und Seele. Man lebt wie in einem Teufelskreis, an den wir uns dann gewöhnen.

Es gibt Menschen auf der Welt, die um das bloße physische Überleben täglich kämpfen müssen. Es ist schwierig und schmerzhaft;

man opfert die Gesundheit, Nerven, physische Stabilität. Der Kampf für das eigene materielle Wohlbefinden ist leider für viele das oberste Prinzip des Daseins. Das Materielle verwandelte viele Menschen in Fanatiker. Es wurden viele menschliche Werte einfach vergessen. Viele lassen sich von der obersten Gottheit regieren — dem Geld. Seine Herrschaft gibt dem Menschen am Anfang ein verlockendes Versprechen, aber später bringt es nur Enttäuschungen mit sich. Hinter der Fassade des Paradieses verstecken sich viele ungelöste menschliche Probleme, die kein Geld der Welt lösen kann. Je mehr die materiellen Prinzipien an Bedeutung gewinnen, desto weiter rücken die seelischen Probleme und seelischen Schmerzen nach hinten. Aber die Tatsache, dass diese Probleme nicht ins Auge fallen, bedeutet nicht, dass sie nicht da sind. Das Wesentliche in unserem Leben kann man sowieso nicht mit den Augen sehen.

Das Thema *Einsamkeit* ist eines der wichtigsten Themen für die menschliche Seele, das eigentlich jeden betrifft, ganz unabhängig von seiner finanziellen Situation, intellektuellen Ebene oder der Anzahl der Diplome. Es gibt einfach keinen Menschen auf der Welt, der noch nie dieses Gefühl erlebt hat: Einsamkeit. Wenn du dich jetzt fragst, warum und in welchen Situationen du dich einsam fühlst, dann wirst du merken, dass die Antwort dir nicht so leicht fallen wird. Das Problem der Einsamkeit ist wie ein riesiger Eisberg: die kleine Spitze ist für alle sichtbar, aber der größere Teil liegt im Verborgenen, völlig außerhalb der Sichtweite des menschlichen Auges, weit entfernt von allen alltäglichen und allgemeinen Definitionen und völlig unzugänglich und unverständlich für die menschliche Logik. Wenn wir uns die Spitze des Eisberges genau anschauen wird uns klar, dass es zur Einsamkeit kommt, wenn kein Kontakt zur Außenwelt besteht oder wenn ein solcher Kontakt aus irgendeinem Grund problematisch erscheint. So gesehen ist das zentrale Problem der Einsamkeit die Beziehung des einen Menschen zum anderen.

Wenn man einen kurzen Blick in die Seele eines einsamen Menschen werfen würde, würde man jede Menge Gründe für seinen einsamen Zustand entdecken. Man würde viele berührende Geschichten von gescheiterten Beziehungen sehen, Enttäuschungen, die Ängste nicht wieder verletzt oder enttäuscht werden zu wollen. Viele Menschen fühlen sich einsam, weil sie niemanden im Leben haben, mit dem sie ihre Trauer und Freude teilen können, einen Seelenverwandten, einen guten Freund. Es gibt aber Menschen, die sehnen sich allein nach dem Gefühl wirklich von jemandem geliebt zu werden, für jemanden etwas zu bedeuten, auch wenn es nur ein Haustier ist, zum Beispiel ein Hund oder eine Katze.

Viele fühlen sich einsam zwischen den vielen anderen Menschen, die sie umgeben. Auch unter Freunden und Verwandten finden sie nicht wirklich jemanden, der ihre Gedanken, Gefühle und Träume verstehen würde. Das ist ein ziemlich weitverbreitetes Problem und ich denke, das kennst du auch: dass man viele Freunde und Bekannte hat, aber keinen richtigen Freund, der einem immer zur Seite stehen würde. Viele fühlen sich einsam, nachdem sie schon einmal oder mehrmals betrogen wurden. Sie trauen niemandem mehr, auch nicht dem Menschen, der es wirklich ehrlich meint. Auch starke und psychisch stabile Menschen sind oft einsam, denn durch ihre innere Stärke fällt es ihnen nicht leicht jemanden zum Anlehnen zu finden, um Rat, Verständnis und Unterstützung zu bitten.

Ich denke, jemand der einmal die Einsamkeit erlebt hat, aus welchem Grund auch immer, wird später automatisch immer Angst vor dem Alleinsein haben. Diese Angst ist ganz natürlich und verständlich. Aber oft ist dieser Angst eine richtige Quelle von Fehlentscheidungen, komplexen psychischen Zuständen, zu hastigen Schritten; denn oft gibt es vielschichtige Gründe, deren Gültigkeit noch infrage gestellt werden kann.

Wenn man beobachtet, wie die Angst vor dem Alleinsein auf der Oberfläche unseres Eisbergs erscheint, kann man erkennen, dass das auf einer bestimmten Vorstellung basiert. Das Gefühl der Einsamkeit bezieht sich oft auf die Beziehung zu anderen Menschen. Wenn es klappt, dann ist man nicht einsam; wenn nicht, dann ist man einsam. Dementsprechend finden wir uns mit dieser Vorstellung ab und versuchen nicht, dem Problem auf den Grund zu gehen. In den meisten Fällen ist es jedoch so, dass unsere innere Ruhe und unser Seelenheil dann nicht mehr von uns selbst abhängen, sondern von anderen Menschen. Das ist meiner Meinung nach der Fehler. Wir machen uns mehr oder weniger von dieser Vorstellung abhängig und damit auch von der Reaktion und dem Verständnis anderer. Eines Tages versuchen wir dann wir selbst zu sein und kommen aus dem Gleichgewicht, verlieren das Vertrauen und werden depressiv. Man fühlt sich wieder hilflos und schwach, wir haben unser eigenes Glück von anderen und von äußeren Umständen abhängig gemacht. Und später nimmt die Angst eine neue Form an — Angst das zu verlieren, was wir jetzt haben oder haben könnten.

Keine Angst!

Wie du schon weißt, ist Angst eine natürliche Reaktion, die durch die eigene Umwelt verursacht wird. Wir werden fast angstfrei geboren. Die einzige Angst die Säuglinge haben, ist die Angst vor dem Stürzen und vor lauten Geräuschen. Alle anderen Ängste entstehen viel später, als eine Reaktion auf bestimmte Lebensereignisse. Und im Grunde genommen verursachen wir unsere Ängste selbst, schon allein aus Überzeugung, dass man im Leben nicht viel schaffen kann.
Aber für jeden Menschen auf dieser Welt ist es sehr wichtig seine Angst überwinden zu können, denn sonst wäre er nicht in der Lage etwas im Leben zu erreichen und erfolgreich zu sein.

Es gibt viele Möglichkeiten die Angst zu überwinden. Hier beschreibe ich fünf sehr effektive Techniken, mit deren Hilfe jeder Mensch es schaffen kann, seine Angst zu überwinden:

Methode 1

Ich würde sagen: Just do it!

Versuche dir anzugewöhnen immer zu handeln, trotz Angst. Versuche dir selbst klarzumachen, dass deine Angst eine völlig normale Reaktion ist, die als Antwort auf deine Versuche entsteht, etwas gegen die Situation zu unternehmen. Deine Handlungen werden dir vielleicht sogar etwas ungewöhnlich erscheinen, aber sei fest überzeugt: Du schaffst es.

Es ist normal, dass die Angst jedes Mal auftritt, wenn du versuchst auf eine Weise zu handeln, die nicht unbedingt deinen Überzeugungen entspricht. Jeder Mensch entwickelt im Laufe der Zeit eine bestimmte Sicht der Dinge, und wenn man von ihm verlangt diese zu ändern, können Ängste entstehen. Diese Angst kann etwas stärker oder nicht so stark ausgeprägt erscheinen. Es hängt davon ab, wie stark man von seiner Weltsicht überzeugt ist.

Wir kommen nicht erfolgreich auf diese Welt. In der Regel werden wir nicht dazu erzogen ein perfekter und erfolgreicher Mensch zu sein. Das heißt: Wenn wir unsere Ziele und Träume erreichen wollen, müssen wir die eigenen Ängste überwinden können.

Lerne trotz Angst zu handeln. Sag zu dir selber: "Ja, ich habe Angst, ich habe große Angst, aber dennoch werde ich es schaffen." Je länger du zögerst und wartest, desto stärker wird deine Angst und desto schwieriger wird es. Aber sobald du beginnst zu handeln, wird deine Angst schon in den ersten Minuten verschwinden. Deine Angst erscheint dir wie eine Betonwand, aber nachdem du es wagst einen Schritt nach vorne zu machen, wirst du feststellen, dass diese Betonwand nur eine Illusion ist und in Wirklichkeit gar nicht existiert.

Akzeptiere deine Angst und gehe auf sie zu: "Ja, ich habe Angst." Diese Akzeptanz ist überhaupt nicht negativ, denn es ist völlig natürlich Angst zu haben. Wenn du das einsiehst, kannst du handeln. Ganz ohne Panik.

Methode 2.

Logisches Denken.

Du kannst versuchen deine Angst auf eine logische Art und Weise zu überwinden. Weißt du, wie? Jedes Mal wenn du Angst hast mach dir klar, was im schlimmsten Fall passieren könnte, wenn du trotz Angst dennoch handelst. — Und? Hast du immer noch die gleiche Angst wie zuvor? In der Regel — wenn man sich selber fragt: *Was passiert im schlimmsten Fall?* — verschwindet die Angst. Auch die schlimmste Variante ist wirklich nicht so gruselig und bedrohlich, wie die Unbekanntheit und Angst selber. Sobald deine Angst ein bestimmtes Gesicht annimmt, scheint es nicht mehr so bedrohlich zu sein. Die stärkste Waffe der Angst ist Unbekanntheit. Sie erscheint uns so groß und gewaltig, sodass wir fest davon überzeugt sind, dass wir diesen *schlimmsten Fall* nie verkraften würden. Es ist aber nur unsere Einbildung, nichts weiter.

Wenn du nach der Überlegung, was im schlimmsten Fall passieren könnte, immer noch die gleiche Angst hast, dann ist dein schlimmster Fall ja vielleicht nicht so einfach für dich. In diesem Fall würde ich an deiner Stelle prüfen, ob ich mit der Vorstellung vom *schlimmsten Fall* nicht übertreibe. Wenn du das gründlich und realistisch analysiert hast und deine Angst trotzdem noch da ist und immer noch so stark, dann frag dich lieber, ob es sinnvoll ist in diesem Fall zu handeln. Letztlich ist Angst eine Schutzreaktion. Vielleicht handelt es sich wirklich um eine Sache, die du besser nicht machen solltest. Die Angst vor einer Prüfung ist nüchtern betrachtet unnötig, die Angst mit einer defekten Bremse loszufahren hingegen nicht. Lerne zwischen richtigen und falschen Ängsten zu unterscheiden.

Hier sind zwei detaillierte Beispiele für begründete und unbegründete Angst:

Erste Situation.
Stell dir vor du bist 35 Jahre alt und immer noch nicht verheiratet. Du findest aber nicht die Kraft deinen Partner darauf anzusprechen, mit dem du schon lange zusammen bist. Natürlich wirst du Angst haben, weil du so was zum ersten Mal fragst. Oder vielleicht hast du sogar schon mal ein *Nein* als Antwort bekommen. Also, was kann im schlimmsten Fall in dieser Situation passieren? Im schlimmsten Fall bekommst du wieder ein *Nein*. Ist das wirklich so beängstigend? Stell dir diese Frage selbst. Wenn du ein *Nein* kriegst, dann kannst du warten und es später wieder versuchen oder du trennst dich und suchst dir jemand anders oder dein Part-

ner trennt sich wegen der Frage, dann wäre das sowieso irgendwann passiert.

Fazit: In diesem Fall, überwinden wir Angst ganz einfach.

Zweite Situation.

Du willst Skilaufen lernen und stehst auf einem Berg, der dir ziemlich hoch erscheint. Natürlich hast du Angst. Was wäre die schlimmste Variante in diesem Fall? Du kannst dir ein Bein brechen oder noch schlimmer. In diesem Fall solltest du vielleicht auf deine Angst hören. Vielleicht ist es besser einfach umzukehren und dort fahren, wo es weniger gefährlich ist. Und wenn du später etwas mehr Erfahrung hast, dann kannst du es noch mal versuchen. Also, in diesem Fall: Nimm es gelassen, sammle Erfahrung und probiere es später.

Versuche also zu vergleichen, wo deine Angst begründet ist. Wenn es wirklich begründet ist, dann höre auf deine Angst, denn es ist immerhin dein Schutzmechanismus. Wenn aber der *schlimmste Fall* bei genauerer Betrachtung doch nicht sooo schlimm ist, dann los: vorwärtsgehen!

Methode 3.

Entscheiden.

Ja, genau deine Entscheidungskraft hilft dir den Mut zu sammeln und das zu tun, was dir immer große Angst bereitet. Wenn du ernsthaft zu dir selber sagst, dass du es schaffst, dann wird deine Angst immer schwächer. Angst existiert nur dort, wo Leere ist und Unsicherheit. Angst und Zweifel gehen Hand in Hand. Wenn du schafft deine Zweifel zu überwinden, vergeht auch die Angst. Genau hier kommt aber die Entscheidungskraft zu Hilfe. Wenn du dich für etwas entscheidest, verschwinden die Zweifel. Denn nachdem die Entscheidungen getroffen sind, gibt es keinen Weg zurück. Warum ist die Angst so stark? Weil sie unangenehme Bilder und Situationen im Kopf auslöst, auf die wir mit Schutzhaltung reagieren und so blockiert werden. Die Angst zaubert schlechte und gefährliche bildliche Vorstellungen in den Kopf.

Diese Gedanken und Vorstellungen beeinflussen deine Emotionen negativ. Und gerade deine Emotionen und Gefühle steuern deine Entscheidungen. Je weniger positiver Emotionen du hast, desto schwerer fällt es dir Entscheidungen zu treffen und zu handeln. In solchen hilflosen Momenten fühlst du dich noch wertloser und schwächer. Es hängt von deiner Fähigkeit und Stärke ab die Entscheidungen zu treffen, ob du deine Angst überwinden kannst. Denn Angst konzentriert deinen Geist nur auf das Negative, deine Entscheidungskraft dagegen auf das Positive. Wenn du eine Entscheidung triffst fokussierst du dich darauf wie gut alles werden wird, sobald du deine Angst überwunden hast und dein Leben wird sich zum Besseren verändern. Das schafft eine positive Einstellung und es gibt keinen Platz für Angst und Zweifel mehr. Aber denke daran: Wenn du es zulässt, dass negative Angstgedanken sich in deinen Kopf schleichen, wird es sofort Hunderte davon geben.

Versuche es einfach mit dieser Methode. Sag zu dir selber: "Auch wenn ich Angst habe, ich werde trotzdem meine Entscheidung treffen können."

Methode 4.

Vorbereitung.

Du weißt jetzt, wovor du Angst hast. Das ist ein großes Plus. Nun können wir uns darauf vorbereiten, diese Angst zu überwinden. Die Vorbereitung besteht aus zwei Phasen: Analyse und Vorstellung.

In der Analyse-Phase versuchst du sorgfältig deine Angst zu analysieren. Stell dir selbst diese Fragen: Wovor habe ich Angst? Warum habe ich Angst? Ist es wert, etwas zu befürchten? Hat meine Angst eine rationale Grundlage? Wovor habe ich am meisten Angst — etwas gegen die Angst zu unternehmen, oder dass ich trotz meiner Handlungssicherheit mein Ziel nicht erreichen werde? Stell dir selber die Fragen, die du für besonders notwendig hältst. Analysiere deine Angst so sorgfältig wie möglich. Analyse ist jedoch nur der erste Teil des Prozesses. Angst ist eine Emotion, eine Analyse hingegen findet auf einer logischen Ebene statt. Gefühle und Emotionen sind oft immer stärker als die Logik. Man kann sogar nach einer sorgfältigen Analyse und dem Verständnis, dass die Angst sinnlos ist, trotzdem noch weiter Angst haben.

Jetzt kommen wir zur zweiten Stufe, der Vorstellung. Jetzt werden wir versuchen die Angst nicht auf dem logischen Wege, sondern mit Emotionen zu überwinden. Denn Vorstellung ist ja nichts anderes, als eine Visualisierung. Du weißt wovor du Angst hast. Also: Setz dich ganz entspannt hin und versuche dir im Kopf vorzustellen, wie du das machst, wovor du Angst hast. Es ist doch völlig egal, welche Ereignisse es sind: reale oder vorgestellte. Wenn du es schon nach mehreren Versuchen geschafft hast deine Angst zu überwinden, wird es dir später leichter fallen, die Situation in der Wirklichkeit zu bewältigen, denn dein Unterbewusstsein hat schon eine bestimmte Lösung abgespeichert und du hast ein bestimmtes Modell, wie du dich in einer Angstsituation verhalten sollst. Diese Methode ist sehr wirkungsvoll. Glaube mir. Was auch immer passiert, du kannst es immer anwenden und wirst Erfolg haben. Das Beste ist tatsächlich die Visualisierung. Du wirst feststellen: Wenn du es nur fünf Minuten gemacht hast, wird es für dich bereits viel einfacher sein, deine Angst zu bewältigen.

In diesem Buch sage ich dir, dass du gegen die Angst kämpfen sollst. Aber damit ist nicht gemeint, dass du deine Angst ständig in Angriff nehmen sollst. Wenn du ständig versuchst dagegen zu kämpfen, wirst du selbst feststellen, dass du nur wenig Erfolg haben wirst. Im Gegenteil: deine Angst wird nur stärker. Wenn deine Angst dir wieder gewaltig zu sein scheint, sag es dir selber noch mal: "Ja, ich habe Angst. Aber ich bin trotzdem ein starker Mensch." Diese Einsicht bedeutet auf keinen Fall, dass du ein Weichei bist. Alle Menschen haben Angst. Aber nicht alle haben gelernt erfolgreich damit umzugehen. Mut zu haben bedeutet nicht völlig angstlos zu sein, sondern die Fähigkeit, trotz Angst handeln zu können. Wenn du wieder erkennst, dass du Angst hast, versuche deine Gedanke auf etwas anderes zu konzentrieren und denke an etwas Positives. Wenn du aber ständig gegen die Angst kämpfst verlierst du viel Kraft und Energie; dadurch wird deine Angst nur stärker und stärker. Es ist leichter die Angst zu überwinden, wenn du versuchst sie zu ignorieren und dich durch etwas anderes abzulenken.

Methode 5.

Mut und Tapferkeit.

Unser Ziel ist es zu lernen die Angst zu überwinden, damit sie uns nicht ständig im Weg steht und uns hindert, die wichtigen Entscheidungen zu treffen. Wir werden versuchen zu erreichen die Angst auf der intellektuellen Ebene zu überwinden. Denn das gibt uns die Fähigkeit klar zu denken, wenn es um eine Entscheidung geht.

Das Erste, was wir begreifen müssen ist, dass das Problem die Angst selbst ist und nicht das Objekt, auf das sich die Angst bezieht. Wenn wir Angst vor dem Versagen haben, dann hat es keinen Zweck gegen die Angst etwas zu unternehmen, wenn man gleichzeitig versucht die Anzahl der Vorfälle zu reduzieren, in denen man versagt hat bzw. versagen könnte. Die Menschen haben solche Angst vor der Angst, dass sie versuchen Angst auslösende Situationen zu reduzieren. Viele unternehmen gegen die Angst selber überhaupt nichts, aber genau das ist falsch.

Also, zunächst sollte man seine Angst identifizieren. Als Nächstes muss man versuchen seine Tapferkeit zu trainieren.
Stell dir einfach vor, das Training der Tapferkeit ist genau das gleiche wie das Training im Fitnessstudio. Zuerst legt man ein kleines Gewicht ein, als Ausgangsposition. Wenn wir das kleine Gewicht leicht hochheben können, so steigern wir uns langsam und versuchen etwas Schwereres hochzuheben. Ähnlich ist es mit der Angst. Zuerst beginnen wir mit dem Training gegen die kleinen Ängste und später steigern wir uns langsam zu den großen Ängsten.
Zum Beispiel, wenn du eine Sozialphobie hast: Suche bewusst nach Menschenmengen und stell dich mitten rein. In der Situation wirst du feststellen, dass du große Angst hast und eine sich lang-

sam nähernde Panikattacke überfordert dich komplett — gib einfach nicht auf und lass deine Angst nicht die Macht über dich gewinnen. Egal, wie stark deine Angst ist. Auch wenn du am liebsten gleich weglaufen würdest. Trainiere deine Fähigkeit dich deiner Angst entgegenzustellen und bleibe konsequent dabei, solange du merkst, dass du langsam die Situation in den Griff bekommst und dich dabei Stück für Stück wohler fühlst. Und dann nimmst du deine nächste Angst in Angriff.

Gut. Jetzt nehmen wir eine andere Variante. Zum Beispiel, wenn eine deiner Ängste darin besteht dich zu blamieren. Ganz logisch: damit man aufhört Angst zu haben, sollte man einfach die Angstsituation auslösen. Am besten mit praktischen Übungen. Egal wie blöd es sich anhört, versuche eine solche Situation bewusst auszulösen. Sei einfach so wie du sein willst und lache über dich selber.

Wenn du einer von den Menschen bist, die sehr zurückhaltend und scheu sind, versuche langsam, Schritt für Schritt mit anderen Menschen zu kommunizieren. Nein, du musst dich nicht dazu zwingen. Die Kommunikationssituation wird einfach ganz von sich selbst passieren, wenn du versuchst die anderen Menschen einfach anzusprechen. Im Flughafen, im Warteraum beim Arzt ... überall. Beginne mit einem Lächeln. Wenn du die Straße lang spazierst und lächelst wirst du sehen, dass die anderen zurücklächeln. Nicht, weil die anderen etwas Seltsames über dich denken, ganz im Gegenteil: Du strahlst Freude und Optimismus aus und das bleibt nicht unbemerkt. Sei aber trotzdem immer gelassen.

Der Punkt ist: Zu Anfang musst du lernen die kleinen Ängste zu überwinden, bevor du versuchst dich mit deinen starken Ängsten zu beschäftigen:

1. Identifiziere deine größte und schlimmste Angst.
2. Versuche sie in mehrere kleine Ängste aufzuteilen.
3. Wenn du mit dem Training beginnst, starte bitte mit einer der kleinen Ängste, beginne mit kleinen Schritten.
4. Schritt für Schritt wirst du sehen, dass du es schaffst deine Ängste zu überwinden.
5. Bleibe konsequent dabei.

Mit dieser Methode wirst du lernen deine Angst zu überwinden. Wenn du aber lange Zeit nicht dabei warst und dein Training aufgegeben hast und wieder neu beginnst, musst du aber wieder mit der einfachen Angst starten. Wie im Fitnessstudio: Wenn du lange Zeit nicht trainiert hast und dein Körper die schweren Gewichte nicht mehr gewohnt ist, dann musst du wieder mit kleineren anfangen. Wenn du aufhörst mit dem Tapferkeitstraining bleibt deine Angst weiter in dir und wird Macht über dich haben. Und dann musst du jedes Mal neu anfangen. Also, bleibe konsequent dabei und gib nicht auf.

Es gibt aber noch viele andere Methoden, die Angst zu überwinden. Training des Selbstbewusstseins und der Selbstachtung, zum Beispiel.
Es gibt eine einfache Regel: Je höher die Meinung ist, die du über dich selbst hast, umso weniger Angst hast du. Dein Selbstwertgefühl schützt dich auf diese Weise vor der Angst. Und es ist ganz unwichtig, ob dein Selbstwertgefühl normal oder aufgeblasen erscheint. Deshalb sind Menschen mit aufgeblasenem Selbstwertgefühl eher in der Lage im Leben etwas zu erreichen, als die Menschen mit wenig Selbstachtung.

Jede positive Emotion wird dir helfen die Angst zu überwinden, im Gegensatz zu den negativen Emotionen.

Selbstachtung

Warum bist du das, was du von dir selber denkst?

In diesem Kapitel fokussiere ich mich auf die folgenden Aspekte:

1. Was ist Selbstachtung?
2. Die Wichtigkeit einer hohen Selbstachtung.
3. Ursachen für eine niedrige Selbstachtung.
4. Training der Selbstachtung.

Selbstachtung

Selbsteinschätzung der Persönlichkeit — das ist, wie du dich selber fühlst, wie du dich selbst wahrnimmst. Diese Eigenschaft bildet sich aufgrund der Liste der Selbstbeurteilungen im Bezug auf sich selbst, und sie bildet sich aus deinen guten und schlechten Eigenschaften. Selbstachtung ist nicht das, was du wirklich bist oder wie die anderen dich sehen, sondern das, was du selber über dich denkst. Die anderen Menschen denken nicht unbedingt genau dasselbe. Die Höhe der Selbstachtung ist eine subjektive Bewertung durch dich selbst. Diese Eigenschaft bildet sich von Geburt an und kann sogar bewusst oder unbewusst verändert werden. In der Regel führt eine unbewusste Veränderung deines Selbstbewusstseins zu einem niedrigeren Selbstwertgefühl. Warum? Ganz einfach: weil die Menschen es gewöhnt sind negative Erlebnisse eher wahrzunehmen als positive. Das Gute wird so wahrgenommen wie ein *Muss*. Und daher konzentrieren wir uns mehr auf negative Dinge und verankern dadurch alles Negative viel tiefer in uns, als das Positive. Und das beeinflusst unsere subjektive Selbstachtung. Eine Erhöhung des Selbstwertgefühls entsteht aus unserem Denken und Handeln in verschieden Situationen. Die Bildung des Selbstwertgefühls ist für jeden von uns wichtig.

Also: Selbsteinschätzung der Persönlichkeit ist der Ausgangspunkt für den Erfolg. Wenn du nicht in der Lage bist dich selbst zu lieben und zu mögen, wie sollst du es dann schaffen die Liebe für andere Wesen zu empfinden? Es ist unwahrscheinlich wichtig sich selbst zu schätzen und zu achten, denn es hängt die Richtigkeit allen deiner Handlungen davon ab. Wenn dein Selbstwertgefühl sich verbessert, so wirst du merken, wie sehr du dein Leben genießt und wie viel du leisten kannst. Hohes Selbstwertgefühl führt zu den richtigen Entscheidungen und gelassenen Handlungen. Niedriges Selbstwertgefühl führt zu Unsicherheit, Schüchternheit und in der Folge auch zu Unsicherheit in der Entscheidungsfindung.
Ich werde jetzt diesen Prozess Schritt für Schritt beschreiben:

1. Nur du, du allein beeinflusst dein Selbstwertgefühl und seine Entwicklung.

2. Versuche also in Einklang mit deinem Selbstwertgefühl zu denken und zu handeln.
3. Dein Selbstwertgefühl beeinflusst, wie andere Menschen dich wahrnehmen.
4. Dein Selbstwertgefühl wird sich auf die eine oder andere Weise ändern, nachdem du erkennst, wie du von anderen wahrgenommen wirst.
5. Und als Letztes wiederhole ich noch mal Punkt zwei: Du sollst in Einklang mit deinem Selbstwertgefühl denken und handeln.

Also: Dein Selbstwertgefühl beeinflusst direkt alle deine Handlungen, und davon hängen dein Leben und deine Zukunft ab.

Ursachen für ein niedriges Selbstwertgefühl

1. Als Erstes nenne ich eine oft falsche und negative Einbildung, die auch unser Selbstwertgefühl negativ beeinflussen kann: Wir leben in einer Gesellschaft, wo wir ständig mit negativen Menschen im Kontakt sind. Erfolgreiche Menschen sind immer eine Minderheit, aber trotzdem waren sie in der Lage die Wand der Mittelmäßigkeit zu brechen.
Warum ist es so schwer? Weil es wichtig ist sich von den traditionellen Vorstellungen zu lösen und sich selbst zu vertrauen, auf sich selbst zu hören. Das ist nicht einfach. Bei jedem deiner Schritte warten immer irgendwelche Nörgler und Miesmacher. Wer dass nicht aushalten kann, wählt den einfacheren Weg — verschmilzt mit der Masse und vergisst seine Träume und Ziele. Davon gibt es jede Menge. Die Gesellschaft stiehlt unsere Träume.

2. Die zweite Ursache sehe ich wie folgt: Die Fähigkeiten eines Menschen, sein Aussehen und seine Intelligenz werden im Laufe seines Lebens wiederholt infrage gestellt und vielleicht sogar bei jeder passenden Gelegenheit heruntergemacht oder gar verspottet. Egal, ob jemand eine Aufgabe gut oder schlecht gelöst hat wird es immer jemanden geben, der etwas zu Kritisieren hat. Ob dafür, dass man etwas gemacht hat

oder auch nicht. Die meiste Kritik verfolgt das Ziel das eigene Ich und Selbstwertgefühl aufzubauen und zu sichern. Man fühlt sich dann wichtig. Immer wenn du etwas angehen möchtest und noch andere dabei sind, werden diese oft versuchen dich davon abzubringen, zu bremsen, zu verunsichern. Aber denke daran: dein Selbstwertgefühl steht in direktem Zusammenhang mit deinem Erfolg.

3. Als dritte Ursache nenne ich einen Fehler, den wir oftmals schon bei uns selbst beobachten können: Man macht aus unwichtigen negativen Erlebnisse sehr bedeutsame, also wird aus harmlosen Fehlern, die man gemacht hat, durch unnötiges Aufbauschen monumentales Versagen. Misserfolg ist ein Teil des Erfolgs. Wenn du scheiterst kann man doch nicht sofort sagen, dass du ein schlechter Mensch und Versager bist. Das kann und darf niemand sagen — auch du selber nicht. Wichtig ist, dass du daraus lernst und weitergehst. Langes Nachdenken über jeden kleinen Misserfolg ist ein großer Fehler. Man verliert an Selbstwertgefühl und bekommt ein falsches Schuldgefühl.

Man vergleicht sich oft mit anderen Menschen. Man kann sich jedoch nicht mit anderen vergleichen, aus dem einfachen Grund, weil man völlig anders ist. Du bist individuell und besonders, du bist einzigartig und hast deine besonderen Werte. Alle Menschen sind verschicden. In der Regel ist es jedoch normal, dass wir immer wieder versuchen unsere Schwächen mit den Stärken der anderen zu vergleichen.

4. Man sollte sich keine unrealistischen Ziele setzen. Viele Menschen setzen sich so unmögliche und unrealistische Ziele mit zu kurzen Zeitspannen, dass es einfach nicht möglich ist das Ziel in der vorgegebenen Zeit zu erreichen. Dadurch bildet sich ein falsches Schuldgefühl und man fühlt sich wie ein Versager. Dann hören sie einfach auf sich Ziele zu setzen und werden ängstlicher; denn es besteht eine direkte Verbindung zu ihren negativen Erlebnissen und Erfahrungen. Es gibt keine unrealistischen Ziele, es gibt nur unmögliche Fristen. Man sollte sich Zeit lassen für die Erfüllung seines Zieles und/oder große Ziele mit kleinen Zwischenzielen

abfedern.

Im nächsten Unterkapitel werde ich dir ein paar wertvolle Tipps geben, wie du dein Selbstwertgefühl steigern kannst:

Wir steigern das Selbstwertgefühl

Deine Selbstachtung musst du bewusst nach dem Prinzip des autogenen Trainings gestalten. Wie du bereits weißt wird man nicht immer von den anderen gerecht behandelt. Ganz unabhängig davon, ob man eine bestimmte Aufgabe gut oder schlecht erfüllt hat, wird man trotzdem oft kritisiert. Denn viele Menschen besitzen diese seltsame menschliche Eigenschaft neidisch zu sein. Ohne zu versuchen ganz bewusst dein Selbstwertgefühl zu steigern, bist du zum Scheitern verurteilt. Dabei können dir aber ein paar einfache Methoden des autogenen Trainings helfen.

Hier sind ein paar Möglichkeiten, wie du ganz bewusst dein Selbstwertgefühl steigern und verbessern kannst und ein gutes Bild von dir selbst erhältst. Sie sind recht einfach, aber sehr effektiv:

1. Spiegel.
Schau dich oft im Spiegel an. Und wenn du dich anschaust, sag zu dir selber etwas Positives. Also das, was dir gefällt und das, was du selber gerne hörst. Zum Beispiel: *Du bist ein erfolgreicher Mensch. — Ich liebe dich. — Ich glaube an dich. — Du triffst immer die richtigen Entscheidungen. — Du bist dafür geboren, erfolgreich und glücklich zu sein.* Und so weiter. Konzentriere dich auf deine guten Eigenschaften. Liebe dich selbst, wie du bist. Wenn du dich aus irgendeinem Grund selbst äußerlich nicht magst, versuche endlich zu begreifen, dass du sehr viele schöne Seiten hast. Es kann doch einfach nicht sein, dass du nur Mängel und negative Eigenschaften besitzt. Also: Bleibe konsequent dabei und mit der Zeit wirst du eine Veränderung zum Positiven hin bemerken.

2. Siegesbuch führen.
Du nimmst ein neues Heft und schreibst oben drauf: *Mein Siegesbuch.* Dort schreibst du alles rein, was du geplant und im Laufe des Tages erreicht hast. Also: alle deine Siege. Dort schreibst du nur

deine Erfolge rein und wie du ein bestimmtes Problem gelöst hast. Alles Negative lassen wir außen vor. Das vergessen wir einfach. Es ist gut, wenn du es schaffst mindestens fünf kleine Erfolge täglich in dein Buch einzutragen. Das können wirklich auch ganz kleine Erfolge und positive Schritte sein. Zum Anfang wird es sogar schwierig. Du wirst dich ständig fragen müssen: *Muss ich das wirklich eintragen?* Eine ganz einfache Regel, die du beachten sollst: Jedes Mal wenn du zweifelst, nimm immer eine positive Antwort an. Es ist immer besser etwas mehr an Selbstvertrauen zu haben, als weniger. Später in deinem Leben wirst du wieder vor der Frage stehen: *Wie soll es jetzt weitergehen?* Dann nimm dir einfach wieder dein Siegesbuch, schlage es auf und lies es. Dabei kommst du auf positiven Gedanken, dein Selbstwertgefühl wird sich langsam wieder steigern und du fühlst dich wieder sicherer in deinen Entscheidungen.

3. Erstelle ein Bild von dir selbst und behalte es immer im Kopf.
Dies ist die schwierigste Methode, aber es gibt immer positive Ergebnisse. Der Punkt ist: Du sollst versuchen ein neues Bild von dir selbst im Kopf zu erstellen. Versuche es so detailliert wie möglich zu machen. Je genauer das Bild ist, desto schneller kannst du es realisieren und anwenden. Beschreibe, wie du dich in bestimmten Situationen aufführst. Beschreibe dir selbst deinen Charakter, deine Art dich zu kleiden, deine Redeweise usw. Versuche, täglich an diesem Idealbild zu arbeiten, bis es sich richtig fest in dein Unterbewusstsein einprägt.

4. Selbstwerbung.
Das ist ein kurzer Text, der dich und deine Qualitäten von der besten Seite beschreibt. Diese Methode funktioniert sehr gut, wenn du das Ergebnis später vor dem Spiegel vorliest. Also, du nimmst dir ein Blatt Papier und schreibst ... ich verwende in diesem Beispiel den Namen Peter, du nimmst natürlich deinen eigenen Namen:

Hallo!
Ich will dir einen wundervollen Menschen vorstellen. Er heißt Peter und hat einen guten Charakter. Er ist ehrlich, fleißig und ehrgeizig. Wenn er ein Ziel vor Augen hat gibt er nicht auf, bis er es

erreicht hat. Peter hat die Technik des autogenen Trainings ge-
meistert. Er hat einen sehr starken Glauben an sich und in das,
was er liebt. Er liebt seinen Job. Er liebt Herausforderungen und
glaubt, dass je mehr Schwierigkeiten er im Leben hat, desto größer
die Belohnung in der Zukunft ist. Er ist immer elegant gekleidet
und sieht sehr gut aus. Er hat ein sehr hohes Maß an Selbstwertge-
fühl, denn er weiß wer er ist und was für wunderbares Leben er
führt. Peter entwickelt sich immer weiter und glaubt an sich und
seine Ziele. Er ist in der Lage, alle seine Ziele zu erreichen, denn
sein Selbstvertrauen macht es ihm möglich!

Natürlich ist das nur ein Beispiel, die Selbstwerbung muss natürlich zu dir passen, aber du darfst ruhig kräftig übertreiben, es soll dich ja aufbauen.

Dann liest du diesen Text jeden Tag vor dem Spiegel. Du stellst der Welt einen wundervollen Menschen vor: dich selbst.

Was sind Probleme?

Nun will ich mit dir über Probleme sprechen und wie man darauf reagieren und mit ihnen umgehen sollte.

So wie jeder andere von uns reagierst du auf deine Probleme und Sorgen vermutlich negativ. Und was ist überhaupt das Problem? In den meisten Fällen sind es eigentlich ganz normale Situationen, die in der Lage sind uns aus der Ruhe und unserem Wohlgefühl herauszubringen. Man fühlt sich sicherlich gereizt danach und hat das Gefühl, dass man die Kontrolle über die Situation verliert. Ich habe oft das Gefühl, dass ich die Situation nicht beeinflussen kann, was auch völlig normal ist in manchen Fällen. Probleme führen uns aus der gewohnten und bequemen Umgebung heraus in eine andere, uns unbekannte Umgebung, wo wir uns ziemlich unwohl und unsicher fühlen.

Klar, man reagiert auf Probleme negativ. Aber lass uns doch mal zusammen überlegen: Ein Problem — ist das wirklich etwas Schlimmes? Probleme sind eigentlich die gleichen Lebenssituationen wie alle anderen Situationen auch, denen wir täglich begegnen. Nur mit einem kleinen Unterschied: Wir sind einfach nicht bereit diesen neuen und unbekannten Situationen zu begegnen, wir hatten überhaupt nicht mit ihnen gerechnet, sind überrascht, überrumpelt, überfordert — und nennen es daher *Problem.*

Jeder Erfolg basiert auf Fehlern. Ich sehe jedes Problem als ein Geschenk. Wenn du fühlst, dass du in deinen Problemen feststeckst, dann denke besser an die harten Zeiten deines Lebens, als es dir wirklich nicht gut ging. Und dann merkst du, dass die Probleme von damals wirklich ein Geschenk für dich waren, denn jedes Mal, wenn du ein Problem gelöst hast, war das ein kleiner Schritt zum Erfolg. Erst wenn du verstehst, dass Probleme nicht unbedingt etwas Negatives sind, sondern eher etwas Positives, bist du auf dem richtigen Weg: auf dem Weg zum Erfolg. Aber nur, wenn du nicht aufgibst.

Probleme sind wunderbare Geschenke des Lebens, denn sie zwingen uns etwas zu ändern, das verändert oder verbessert werden muss. Probleme machen uns stärker. Nur: Um das zu begreifen braucht man etwas Zeit.

Deine Handlungen und Gedanken werden von deinen Emotionen beeinflusst. Deine Emotionen reagieren als Erstes negativ auf deine Probleme, denn jedes Mal kommst du dabei aus deiner Ruhezone heraus. Versuche ruhig zu bleiben, wenn ein Problem gerade aufgetaucht ist. Das ist die wichtigste Phase, die du passieren musst, wenn du eine Problemsituation erlebst. Es hängt von deiner ersten Reaktion ab. Wie sieht es dann später aus? Deine stark negative Reaktion kann dazu führen, dass gleichzeitig viele andere kleine Problemsituationen ausgelöst werden und in wenigen Stunden kann dieser Zustand zu einer recht großen Problemsituation führen. Also: Verhalte dich ruhig, egal was passiert.

In der ersten Phase der Situation ist es sehr wichtig, das Problem nicht zu vergrößern oder zu verschlimmern. Normalerweise ist das Problem anfangs nicht so gewaltig. Erst unsere negative Reaktion, die so schnell ausgelöst wird, führt dann zur Entstehung eines größeren Problems. Deshalb ist es sehr wichtig, dass du gerade in der ersten Phase der Entstehung einer Problemsituation ruhig bleibst und keine unüberlegten Handlungen vornimmst. Man kann noch vieles ändern. Es ist wichtig zu begreifen, dass es kein Weltuntergang ist, man sollte ruhig bleiben. Danach wirst du merken, dass das Problem sich langsam löst. Du bleibst nur ruhig und gibst deinen Emotionen keinen freien Lauf. Du arbeitest ruhig und konsequent an einer Lösung des Problems, ohne dich blockieren zu lassen. Lasse keine negativen Emotionen zu, die dir und der Problemlösung im Weg stehen. Lass dich von kleinen Rückschlägen nicht entmutigen, lass dich von zusätzlichen Schwierigkeiten nicht unnötig beeindrucken, mach einfach weiter, denn Lamentieren hilft nicht.

Wenn ein Problem dich ordentlich aus der Spur geschlagen hat, dann ist es vielleicht besser etwas abzuwarten und zu dir zu kommen. Versuche dich abzulenken und auf andere Gedanken zu kommen. Warte erst ab bis deine Emotionen zu Ruhe kommen, denn die lassen dich nicht klar und überlegt handeln.

Ich gebe dir hier ein paar Tipps, wie du am besten deine Emotionen unter Kontrolle halten kannst:

1. Als Erstes: Versuche wirklich zu begreifen, dass Probleme nichts anders sind, als ganz normale alltägliche Lebenssituationen, also absolut nichts Schlimmes. Wir machen oft das Problem selber zu etwas Schlimmes, indem wir negativ darauf reagieren.
2. Es ist wichtig zu verstehen, dass du deine Ziele nur durch deine Probleme erreichen kannst. Probleme werden immer vorkommen, solange man lebt. Also: Sieh es wie ein Geschenk, denn Probleme machen uns noch stärker.

Erst danach kannst du deinen Problemen ruhig begegnen, denn mit jedem gelösten Problem näherst du dich deinem Ziel. Erst wenn dein Unterbewusstsein das Prinzip verfestigt, dass Probleme Lebensgeschenke und absolut nichts Schlimmes sind, dann werden sich mit der Zeit auch deine Emotionen etwas legen.

Das Leben geht nicht immer vorwärts und aufwärts. Sieh ein, dass es ohne Probleme auch keine Erfolge gibt, genauso wie es ohne Winter keinen Sommer gibt und ohne Nacht keinen Tag. Alles hat seine Gegenseite. Deshalb versuche jedem kleinen Erfolg mit Dankbarkeit und Stolz zu begegnen, denn das hast du alles selber erreicht. Aber sei immer bereit, denn Erfolg währt nicht ewig und jederzeit kann Misserfolg folgen. In solchen Zeiten sei dir bewusst, dass es bald wieder aufwärtsgeht und nach dem Winter wieder Sommer kommt. Es ist alles nur eine Frage der Zeit.

Nach dem Winter erwacht die Natur wieder zum Leben und blüht in fröhlichen Farben. Das passiert auch mit den Menschen: Nach dem du ein Problem selbst gelöst hast, fühlst du dich stärker, erfahrener. Und deine Erfahrung bringt dich weiter. Du bist einen Schritt weiter auf dem Weg zum Erfolg. Und das ist eine süße versteckte Frucht, die Probleme immer mit sich bringen, man muss das nur erkennen.

Wie soll man auf schlechte Ereignisse reagieren?

Oft gibt es im Leben Situationen, die wir gar nicht erwartet haben und zudem fühlen wir uns oft gar nicht bereit, der Situation zu begegnen. Ich meine damit schlechte Ereignisse. Ich denke, du kannst dich an viele solche Situationen gut erinnern, die dich völlig aus der Spur gebracht haben. Versuche bitte dich daran zu erinnern, wie du darauf reagiert hast. Vermutlich wurde deine Laune richtig versaut, du wurdest leicht panisch und hattest nur die Frage im Kopf: Wie soll ich das Problem jetzt lösen? Und oft man gibt seinen Emotionen freien Lauf und versucht panisch etwas zu unternehmen, um irgendeine Lösung zu finden oder die Situation etwas zu entspannen. Aber je weiter es ging, desto weniger Kontrolle hatte man über die Situation und weitere Probleme folgten.
Wenn so eine Spannungssituation auftritt, ist das Erste was du machen sollst ruhig bleiben. Ja, ich weiß. Ich als Frau habe damit manchmal schwer zu kämpfen. Aber wir sind alle Menschen und man kann wirklich lernen, die Emotionen im Griff zu halten.

Ein Beispiel: Man ist lange mit jemandem zusammen und hat viel in die Beziehung investiert. Ein einziger emotionaler Ausbruch kann eine langjährige Beziehung völlig zerstören. Aber auch wenn die Beziehung aufrechterhalten wird, kann der emotionale Ausbruch zu Unruhe in der Beziehung führen. Ich meine damit, dass wir versuchen müssen unsere Emotionen im Griff zu halten, egal was passiert.

Es gibt ein Sprichwort: *Wer seine Emotionen kontrolliert, besitzt die Welt.* Jedes Mal wenn du überreagierst wirst du feststellen, dass das nur zu weiteren Problemen führt. Warum ist das so?
Wenn plötzlich etwas Schlechtes im Leben passiert,reagiert man oft negativ und emotional darauf. Man strahlt unglaublich viele negative Emotionen dabei aus. Aber man wird dabei zu einem Magnet, der in dem Moment alles Negative an sich zieht. Man lässt sich oft von seinen Emotionen beeinflussen, wenn man eine Entscheidung trifft. Und oft ist diese Entscheidung fehlerhaft. Warum?
Zu dem Zeitpunkt, da du negativ reagierst, strahlst du viele negative Emotionen aus und das macht dich nicht stärker. Ganz im Gegenteil: Man wird zu einem Opfer für alles Negative.
Denke daran: Es ist sehr schwer eine richtige Entscheidung zu treffen, wenn man von seinen negativen Emotionen beeinflusst wird.

Dazu will ich dir noch etwas sagen: Versuche nicht, sofort auf die negativen Ereignisse zu reagieren. Lass dir etwas Zeit zum Nachdenken. Bevor du wieder emotional reagierst, setz dich hin und denke nach. Wenn du einsiehst, dass ein bestimmtes Ereignis dich völlig aus der Bahn gebracht hat, versuche in diesem Zustand keine Entscheidungen zu treffen. Warte am besten bis zum nächsten Morgen ab, wenn die Situation es erlaubt. Denn die Wahrscheinlichkeit ist hoch, dass man eine falsche Entscheidung treffen wird. Man sagt doch nicht umsonst:*Morgen ist ein neuer Tag.*
Andererseits … lass uns doch mal überlegen: Wozu soll man negativ reagieren? Es ist nicht wichtig was passiert; wichtig ist wie du es wahrnimmst.
Ich bin sicher, du hast ein Ziel und versuchst vieles zu unternehmen, um dein Ziel zu erreichen. Deshalb lass uns jedes Ereignis deines Lebens, unabhängig davon ob positiv oder negativ, so wahrnehmen, dass es dich näher zu deinem Ziel führt. Es ist etwas Schlimmes passiert? Na und? Du kannst nicht wissen, ob es ein gutes oder schlechtes Ereignis für dich ist. Du kannst die Situation nur für einen kurzen Zeitraum einschätzen.

Ich erzähle dir eine sehr alte Geschichte, einen Mythos:

Ein Lehrer und seine Schüler gingen durch den alten Urwald. Sie hatten einen langen Weg hinter sich und waren sehr hungrig. Am Ende fanden sie eine Lichtung mit einem schönen großen Haus. Sie klopften an der Tür.

Es öffnete ein Mann in sehr luxuriöser Kleidung und fragte: "Was wollt ihr?"

"Können wir hier übernachten? Wir mussten den ganzen Tag gehen und sind sehr müde."

Der Besitzer war damit ungern einverstanden und sagte, dass sie in einer alten Scheune draußen schlafen könnten und ging wieder hinein.

So geschah es. Der Lehrer und seine Schüler übernachteten in der kalten und dreckigen Scheune.

Am nächsten Morgen sagte der Lehrer zu seinen Schülern: "Lasst uns das ganze Geld sammeln, das wir haben. Wir geben es diesem Mann aus Dankbarkeit für seine Freundlichkeit."

Die Schüler taten so, wie der Lehrer es sagte.

Am nächsten Abend kamen sie zu einer alten Hütte, wo ein alter armer Mann lebte. Der arme Mann hat sie herzlich und wie die besten Freunde empfangen und sein letztes Schaf dafür geschlachtet. Danach haben sie zusammengegessen. Der alte Mann gab ihnen die besten Decken die er hatte und sie konnten in der warmen Stube schlafen.

Am nächsten Morgen weckte der Lehrer seine Schüler und befahl das Haus in Brand zu setzen.

Die taten es, ohne zu zögern.

Der Lehrer hatte seine Handlungen nicht erklärt und später auf dem Weg wurden die anderen immer unzufriedener und unruhiger. Schließlich fragte einer den Lehrer: "Du bist der Klügste, aber erkläre uns: Warum bekam derjenige, der uns so schlecht empfangen hat, unser ganzes Geld,; und derjenige, der uns wie die besten Freunde empfangen hat ,musste dafür so hart bezahlen?"

Darauf antwortete Lehrer: "Sie nehmen alles auf der Grundlage ihres Wissens wahr und ich auf meiner eigenen. Dem Reichen gaben wir unser ganzes Geld, denn genau diese Summe brauchte er für seinen nächsten Betrug. Die Aktion ist ihm nicht gelungen und er hatte dadurch alles verloren. Und die Hütte des armen

Mannes haben wir in Brand gesetzt, weil die Hütte auf einem Schatz stand. Der armer Mann wusste nichts davon. Wenn er die Ruinen seiner Hütte wieder aufräumt, wird er den Schatz finden."

Deshalb sage ich dir: Beim nächsten Mal, wenn du dich wegen etwas aufregst, denk an diesen Mythos. Vielleicht ist die Grundlage deines Wissens zum Zeitpunkt des Geschehens nicht ganz richtig und das was passierte ist möglicherweise etwas Positives?

Die Hauptidee dieses Kapitels ist: Denke immer positiv, egal was passiert.

Wie kann man schlechte Laune vertreiben?

Jetzt geht es darum, was man gegen schlechte Stimmung tun kann. Es gibt reichlich Vorschläge zu dem Thema, aber viele davon wirken nur zeitlich begrenzt und danach führt es zu noch mehr gedrückter Untergangsstimmung. Damit dir so was nicht passieren kann, erzähle ich dir etwas über den echten Grund für deine Stimmungsschwankungen.

Woher kommen sie, wie entstehen sie und wie kommt man davon weg?

Deine Stimmung spiegelt deine inneren Zustand in diesem Moment. Deine Stimmung ist kein Zufall. Sie entsteht durch deine Gedanken und Handlungen. In der Regel sind es Gedanken über die Gegenwart, was gerade oder vor Kurzem passierte Deine Stimmungen sind eine Reaktion auf deine Handlungen. Wenn deine Handlungen richtig sind, dann bist du auch gut gelaunt. Wenn nicht, dann fühlst du dich oft niedergeschlagen. Damit meine ich richtige oder fehlerhafte Handlungen in Bezug auf dein Ziel.

Ich erkläre es dir an einem Beispiel: Stell dir einen Menschen vor, der ein bestimmtes Ziel vor Augen hat. Dieser Mensch tut alles, um sein Ziel zu erreichen. Wenn er dabei gute Ergebnisse erzielt, fühlt er sich auch gut gelaunt und entspannt. Wenn seine Bemühungen aber nicht ausreichen, um dem Ziel näherzukommen oder einfach fehlerhaft sind, dann fühlt er sich logischerweise niedergeschlagen und hat schlechte Laune, denn sein Ziel scheint jetzt noch einen Schritt weiter entfernt zu sein. Wenn ein Mensch überhaupt keine Ziele im Leben hat, dann herrscht nur schlechte Stimmung und Niedergeschlagenheit, denn er hat das Gefühl, dass sein Leben an ihm vorbei geht (weil eben die positiven Gefühle durch Erreichen von Zielen und Teilzielen fehlen).

Jeder Mensch weiß unterbewusst, was er wie und wann zur Erreichung seiner Ziele tun muss. Deine Stimmung spiegelt deine Erfolge bei der Umsetzung. Nimm dir also vor jeden Tag deine Stimmung zu beobachten. Jedes Mal wenn du etwas verbockt hast kriegst du automatisch schlechte Laune. Korrigiere deinen Fehler und deine Stimmung wird besser.

Es gibt viele Theorien und Hypothesen über positives Denken nach dem Motto: *Denke positiv und alles wird gut.* Ich behaupte: *Nein, es wird nicht gut.* Nicht von allein. Ich glaube, positives Denken funktioniert nicht von selbst, nicht automatisch, nicht gut genug. Wenn du dich in die falsche Richtung bewegst, kannst du dich dabei schlecht dazu zwingen dich ständig gut zu fühlen und dabei gute Laune zu haben, genauso wie es auch nicht funktionieren würde sich dazu zu zwingen positiv zu denken. Dein Körper und dein Unterbewusstsein werden dir ständig Signale schicken, dass etwas nicht in Ordnung ist. Du gehst in die falsche Richtung, du bist auf dem falschen Weg — das kann man kaum ignorieren. Stell dir bitte vor du fährst mit deinem Auto und plötzlich hast du kein Benzin mehr. Die rote Signalleuchte auf dem Tacho leuchtet permanent und gibt dabei das Signal, dass dein Auto Benzin braucht — so kannst du nicht mehr weiterfahren. Natürlich kannst du es ignorieren und einfach deinen Weg fortsetzen, aber irgendwann stehst du trotzdem ohne Benzin da. — Genauso ist es auch mit deiner Stimmung. Sie informiert dich im Grunde ständig darüber, ob alles in Ordnung ist oder nicht. Wenn du schlechte Laune hast, dann heißt das: *Achtung, es stimmt etwas nicht.* Es ist dir zumindest unterbewusst klar, nun muss es nur noch dein Bewusstsein erreichen.

Denke etwas zurück. Wann wurde deine Stimmung verdorben?

Was hast du zu dem Zeitpunkt oder kurz davor getan? Versuche die Ursache zu verstehen und arbeite daran es zu ändern. Du kannst dich sogar selber fragen: "Was ist der Grund für meine schlechte Laune?" Und du wirst eine Antwort finden.

Nur wenn du schaffst die Ursache zu ändern, ändert sich auch die Wirkung. Schlechte Laune ist eine Folge oder Wirkung deiner falschen Handlungen.

Natürlich kannst du versuchen an deiner Stimmung zu arbeiten, indem du gute Musik hörst oder Sport machst, aber solange du nicht an der Ursache arbeitest, die zur schlechten Stimmung geführt hat, werden Musik und Sport leider nur zeitlich begrenzt wirken.

Denk daran: um wirklich gute Laune zu bekommen, man muss seine Handlungen korrigieren.

Deine Stimmung hängt von deinen Werten und Prioritäten ab. Wenn für dich deine Arbeit an erster Stelle steht, dann wird deine Stimmung auch davon abhängen, wie es auf Arbeit läuft. Wenn für dich hingegen die Familie am Wichtigsten ist, dann werden dich Probleme bei der Arbeit eher wenig belasten. — Deine Werte und Prioritäten bestimmen über Faktoren, die zu Stimmungsschwankungen führen.

Reiche und erfolgreiche Menschen können aber auch schlechte Laune bekommen. Wie passiert das denn? Sie haben auch ein Ziel vor Augen, das sehr wichtig für sie ist. Probleme wird es immer geben, nur das Niveau des Problems ändert sich. Je mehr man erreicht im Leben, desto bedeutsamer und erheblicher scheinen die Probleme zu sein, was einem aber nur so vorkommt, denn es sind immer dieselben: Wenn man etwas nicht erreicht auf dem Weg zum Ziel wird die Stimmung darunter leiden.

Nutze deine Laune wie ein Signal das dich darüber informiert, ob du dich auf dem richtigen oder falschen Weg befindest.

Hier sind ein paar Beispiele, die deine Stimmung etwas heben können. Aber denke daran: die Wirkung ist oft nur zeitlich begrenzt.

1. Mach dir deine Lieblingsmusik an und fange an zu tanzen.
2. Mach Sport, und zwar intensiv.

3. Alkohol und Zigaretten sind tabu.
4. Selbstbildung: Lese ein Buch oder melde dich für einen Sprachkurs an.
5. Versuche bitte nur mit positiven Menschen zu kommunizieren. Also Menschen, in deren Umgebung du dich wohl und entspannt fühlst.
6. Geh in den Wald spazieren. Spaziergänge an frischer Luft haben eine zauberhafte Wirkung.
7. Yoga und Meditation werden dir sicherlich auch guttun.

Und ganz wichtig: Die beste Methode deine Stimmung zu verbessern sind die Handlungen, die dich zu deinem Ziel führen. Wenn du kein Ziel hast, setz dir eines (oder mehrere). Rumsitzen, grübeln, analysieren und auf das Glück hoffen hilft nicht weiter.

Sich selbst kennenlernen

Wie kann man sich selbst kennenlernen? Seine starken und schwachen Seiten? Das ist für viele eine schwierige Frage.
Wenn du dich selber nicht kennst, deine Fertigkeiten und Fähigkeiten, deine starke und schwache Seiten — wie willst du da glücklich werden? Oder hoffst du etwa, dass das Glück von alleine kommt?
Dir muss klar sein, dass du dadurch glücklich wirst, dass du das was du kannst, was deinen Neigungen und Fähigkeiten entspricht, gut und gerne tust, dass du selbst gesetzte Ziele erreichst — das macht dich glücklich, nichts anderes. Setze deine Fähigkeiten zur Erreichung deiner Ziele ein und du wirst tatsächlich von selbst glücklich ... aber nicht vom Nichtstun, Hoffen und Abwarten.
Genauso muss dir klar sein, dass du mit einer Tätigkeit, die dir überhaupt keinen Spaß macht, wo du deine Talente und Fähigkeiten nicht einsetzen und für die du dich nicht begeistern kannst, auch nicht glücklich werden kannst — da bleibst du ein Leben lang ein mittelmäßiger Mensch. Du solltest immer versuchen deine besten Fähigkeiten weiterzuentwickeln, denn das ist ein wichtiges Teil auf dem Weg zum Erfolg. Wenn jemand Tag täglich eine

Tätigkeit durchführt, bei der er absolut kein Vergnügen hat, kann er sich einfach nicht gut weiterentwickeln.

Hier gebe ich dir ein paar Hinweise die dir zeigen, wie du dich am besten kennenlernen und deine Fähigkeiten weiterentwickeln kannst:

1. Wenn du bestimmte Ergebnisse zu prognostizieren versuchst, bleib dabei am Boden und versuche genau zu sein.
2. Versuche so viel zu leisten wie du kannst und bleibe produktiv.
3. Versuche dich selbst glücklich zu fühlen und nützlich für die anderen zu sein. Dabei steigerst du dein Selbstwertgefühl.

Wenn du dich selber genau kennst, deine Schwächen und Stärken, wird es dir später leichter fallen, ein bestimmtes Ereignis deines Lebens zu prognostizieren.

Ein einfaches Beispiel: Wenn Mathematik nie deine Stärke war und plötzlich bekommst du ein Jobangebot im Bereich *Rechnungswesen*, da ist doch klar: Dieser Beruf fordert deine schwachen Seiten heraus und du wirst (sehr wahrscheinlich) scheitern. Wenn du hingegen ein sehr kommunikativer Mensch bist und es liebst die Beziehung zu anderen aufzubauen und Menschen überzeugen, dann bist du sicherlich ein guter Verkäufer und wirst dabei vermutlich erfolgreich, denn dabei werden deine starken Seiten beansprucht.

Eine ganz einfache Regel, die du beachten solltest ist zu vermeiden, dass deine schwachen Seiten herausgefordert werden. Arbeite mit dem, was du richtig gut kannst. Dabei wirst du effektiver und produktiver.

Wenn du weißt, dass eine bestimmte Tätigkeit Eigenschaften voraussetzt, die du nicht besitzt, dann solltest du auch nicht versuchen dich damit zu beschäftigen, denn dadurch verlierst du nur Zeit, Kraft und Energie. Danach fühlst du dich enttäuscht und dein Selbstwertgefühl ist dann wieder völlig aus der Spur.

Dein Glück hängt davon ab, womit du dich beschäftigst und wie du deine Fähigkeiten weiterentwickelst. Wenn das was du machst deine Leidenschaft ist, dann wirst du dich tage- und nächtelang damit befassen können und wollen, denn dabei beanspruchst du deine starke und beste Seite — und du fühlst dich dabei glücklich. Aber wenn du etwas machst, was dir keinen Spaß macht, wozu du dich zwingen musst, dann wirst du sicher unglücklich.

Es ist auch ein tolles Gefühl durch seine Arbeit nützlich für andere zu sein das zu machen, was man wirklich liebt und was einem am Herzen liegt. Dabei steigerst du auch dein Selbstwertgefühl. Wenn du dich nur auf deine starken und besten Seiten konzentrierst, fühlst dich doch dabei großartig, nicht wahr? Du fühlst dich einfach super. Wenn du anfängst über deine Schwächen nachzudenken und das, was du nicht kannst — da wirst du merken, dass Optimismus und Kraft dich langsam verlassen.

Du wirst mir wahrscheinlich nicht glauben, wenn ich dir jetzt sage, dass du genauso ein genialer Mensch wie Albert Einstein, Bill Gates oder Steve Jobs bist. Aber ich glaube an dich, denn ich bin fest davon überzeugt, dass du das gleiche Talent hast, wie all diese Menschen. Vielleicht, auch mehr. Du musst nur noch herausfinden, wo diese Talente liegen.

Weißt du eigentlich, warum diese Menschen so erfolgreich waren und sind? Weil sie genau das in ihrem Leben tun und getan haben, was sie am besten konnten. Ihre Talente sind einmalig, denn sie setzen ihre besten Eigenschaften genau in den richtigen Bereichen ein.

Was denkst du: Wäre Bill Gates jetzt so erfolgreich, wenn er als Bauarbeiter tätig gewesen wäre? Oder Einstein, wenn er sein Leben nicht mit der Physik, sondern mit Ballett verbracht hätte? Nein, nein und noch mal nein. Hätten diese Menschen ihre Eigenschaften nicht in den richtigen Bereichen eingesetzt, wären sie mittelmäßig geblieben und hätten kaum etwas erreicht.

Du bist genial! Wenn du das immer noch nicht gemerkt hast, dann nutzt du deine besten Eigenschaften nicht dort, wo es sein muss. Du bewegst dich dann gegen deine Natur und versuchst nicht deine besten Fähigkeiten weiterzuentwickeln. Deine Arbeit besteht dann aus Dingen, für die du deine schwachen Seiten einsetzen musst.

Das ist falsch, so wirst du dich nie weiterentwickeln. Warum tust du dir das an? Weil es modern ist, so wie die anderen zu sein? Na und? Willst du modern oder glücklich sein? Versuche nicht deine Seele zu ändern und schau nicht nach den anderen. Suche dich selbst, lerne dich selber kennen, entdecke dich selbst. Beharrlichkeit und Ausdauer werden dein Herz und deine Seele nicht ändern können. Auch wenn du nicht deinen Traumjob hast — sei dir immer klar darüber, was dein Traumjob ist und versuche ihn zu erreichen, dann hast du bereits auf dem Weg dorthin Ziele und Teilziele, die dich glücklich machen können.

Mach Notizen, führe ein Tagebuch und schreib alles darüber, was du denkst und wie du handelst; auch das, was dich glücklich macht und das, was dich zum Weinen bringt. — Lerne dich selber kennen!

Wir sind alle Menschen, wir sehen dabei alle unterschiedlich aus. Aber jeder von uns ist ein Genie. Du wirst sehen und stauen, wie gut du bist. Du wirst dich selbst besser respektieren und lieben. Du bekommst das Gefühl, dass du vieles kannst. Und das ist wahr: Denn wenn du an dich glaubst, erkennst du dich selber und nutzt deine guten Seiten und Eigenschaften — dann bist du auf dem richtigen Weg.

Wie kann man sich besser kennenlernen? Ganz einfach. Tu das, was du immer getan hast, aber hab immer einen Block und einen Stift dabei, sodass du jederzeit eine kleine Notiz darüber machen kannst, was du heute erreicht oder versucht hast zu erreichen. Jeder kleine Schritt zählt:

1. Achte genau auf deine Gefühle, Emotionen und Reaktionen.
2. Mach Notizen darüber, was du fühlst und empfindest und warum du es so empfindest.
3. Analysiere deine Notizen.
4. Nimm kleine Änderungen bei der Arbeit vor. Mach weniger das, was du schlecht kannst und mehr das, was du liebst und gut kannst.
5. Minimiere die Zeit für Tätigkeiten, die du ungern oder schlecht machst und maximiere die Zeit für das Gegenteil. Das fördert die Entwicklung deiner besten Fähigkeiten.

Hier ist ein Beispiel:
Du bekommst zwei Jobangebote gleichzeitig, obwohl du schon eine Arbeit hast. Für was sollst du dich entscheiden? Du hast das Gefühl, du sollst dich für das erste Angebot entscheiden, wobei du nicht genau weißt, warum. Dein logisches Denken sagt dir: Du sollst dich für das Angebot zwei entscheiden. Aber im tiefen Inneren willst du eigentlich deine alte Arbeit weitermachen. Im Endeffekt hörst du auf deine Logik und nimmst das Angebot zwei. Du triffst die falsche Wahl und bereust es später.
Fazit: Manchmal ist dein Bauchgefühl der bessere Mechanismus eine Entscheidungen zu treffen, als Logik. Höre auf deine Gefühle, wenn du Entscheidungen triffst. Manchmal ist das nicht verkehrt.

Ein zweites Beispiel:
Du hast etwas gut gemacht und wurdest dafür belohnt. Du analysierst die Situation und stellst fest, dass du genau das schon immer gut konntest.
Fazit: Das ist deine Stärke. Und noch dazu machst du es sehr gern.

Ein drittes Beispiel:
Du bist sehr unaufmerksam, unkonzentriert und vergesslich. Vieles geht an dir vorbei. Du fühlst dich manchmal verwirrt.
Fazit: Du bist unaufmerksam und das ist wahrscheinlich deine Schwäche. Man braucht in diesem Fall jemanden, der die gleiche Aufgabe mit Genauigkeit und Konzentration durchführt. Wenn du übrigens deine Konzentration zu trainieren versuchst, würde das auch deine schwache Seite etwas kompensieren.
Ich bin mir sicher, dass du verstehst, was ich meine.

Analysiere dich selbst: deine Schwächen und Stärken. Mache nichts gegen deine Natur. Arbeite im Einklang mit dir selber, und nicht gegen dich selber.
Wenn du dich selber besser kennst — deine Schwächen und Stärken — dann du kannst sie in dem Bereich einsetzten, für den du bestens geeignet bist. In diesem Fall wirst du auch nützlicher für die anderen sein.
Wissen ist Macht. Sich selbst zu kennen, seine schwachen und starken Seiten, ist grenzenlose Macht.

Ich glaube an dich. Ich weiß, du bist genial. Wenn du nicht an dich selber glaubst, hast du ein geringes Selbstwertgefühl. Glaub mir wenn ich dir sage: du bist genial. Du hast dein Leben im Griff und bist auf dem Weg deine starken Seiten dort einzusetzen, wo Sie perfekt genutzt werden können.

Nur jetzt, leider, gehst du einen Weg, auf dem deine besten Seiten einfach in Vergessenheit geraten. Wenn dem nicht so wäre, würdest du dieses Buch gar nicht lesen. Auch ein:"Ich weiß nicht", bedeutet: "Nein."
Finde dich selbst und mach diese Welt besser. Lerne auch deine Kinder besser kennen. Du denkst und hoffst sicher, dass sie glückliche und erfolgreiche Menschen werden, und keine mittelmäßigen. Sei vorsichtig wenn du versuchst deinem Kind die Entscheidung abzunehmen. Besonders beim Thema *Was will ich mal werden?* Lass das Kind selbst entscheiden, was es lernen und was es werden will. Lerne die Stärken deines Kindes kennen. Wiederhole nicht den Fehler von Millionen anderer Eltern.

Schluss mit den Depressionen

Der beste Weg aus der Depression herauszukommen ist, gar nicht erst reinzugehen. Das war ein Scherz, natürlich.
Ich sage dir gleich: Mit Depression zu kämpfen ist sinnlos. Besonders bei Einsamkeit. Die Depression wird immer gewinnen. Das, wo du deine Energie hineinsteckst, wird dadurch nur stärker. Du verbrauchst deine Kräfte, die du in solchen Zeiten dringend benötigst. Die Depression wird immer stärker. Manchmal ist es nicht auszuhalten. Alles scheint grausam und hoffnungslos zu sein. Deshalb vergiss es immer zu versuchen deine Depression zu bekämpfen.

Ich erzähle dir von einigen sehr wirksamen und effektiven Möglichkeiten, die Depression zu überwinden. Ich sage es noch mal: nicht bekämpfen, sondern überwinden.

Das Wichtigste, was du dabei begreifen sollst: Je weniger Zeit du in deinem depressiven Zustand verbringst, desto schneller vergeht deine Depression. Hier gilt das Prinzip: *Wo die Aufmerksamkeit, da ist der Energieverbrauch.* Wenn du gar nicht erst versuchst deine Energie in die Depression zu investieren, wird sich dein Depressionszustand ändern.

Also, wie oben gesagt: Du musst etwas tun und dich ablenken. Wenn du beschäftigt bist hast du keine Zeit darüber nachzudenken, wie schlecht du dich fühlst und wie einsam du bist, nicht wahr? Besonders, wenn du etwas machst was du wirklich gut kannst. Das ist der beste Weg, die Depression zu überwinden.

Und jetzt gebe ich dir ein paar Tipps, wie du aus der Depression herauskommst:

Methode 1: Ändere deinen Fokus
Wenn die Depression sich auf einen bestimmten Lebensbereich bezieht — zum Beispiel Familienleben, Beziehung oder Arbeit und Gesundheit — dann musst du dich auf etwas anderes fokussieren, in einen völlig anderen Bereich eintauchen. Wenn du zum Beispiel Beziehungsprobleme hast, kannst du dich komplett auf deine Arbeit konzentrieren. Und umgekehrt, bei Problemen bei der Arbeit versuche all deine Zeit in die Familie zu investieren.

Methode 2: Kreativ sein
Viele Menschen denken gleich an Malen, Singen, Basteln etc. Doch Kreativität ist alles, bei dem du Erfüllung finden kannst. Kreativität ist deine eigene Methode, deine Art und Weise eine bestimmte Aufgabe zu lösen.

Wenn du eine Mutter bist, so sei doch kreativ bei der Erziehung deines Kindes. Wenn du ein Geschäftsmann bist, dann konzentriere dich völlig auf die Förderung deiner Produkte und Dienstleistungen und sei dabei kreativ! Gib dein Bestes. Suche neue, innovative Möglichkeiten für deine Werbung und Marketing. Auch wenn du viel mit Menschen zu tun hast, sei auch hier kreativ.

Wenn du bei allem, was du auch immer in deinem Leben machst, kreativ bist, kannst du dabei einfach keine Depressionen haben. Kreativität ist Selbsterfüllung. Es ist dein Talent, und wenn du es nutzt, erzielst du immer gute Ergebnisse.

Du kannst sogar die banalen Dinge des Alltags kreativ machen. Zum Beispiel abwaschen oder mach deine Lieblingsmusik an und fang an zu tanzen. Ich liebe es bei vielen alltäglichen Dingen gleichzeitig meine Lieblingsmusik zu hören und sogar zu singen. Eines Tages erwischte mich mein Mann tanzend mit dem Staubsauger. Darauf lächelte ich nur und sagte:"Ich wollte schon immer Tango lernen." Du kannst sogar in der Dusche singen oder in der Badewanne. Und vergiss dabei alle deine Sorgen und negative Gedanken. Konzentriere dich nur auf das Singen und Entspannen.

Methode 3: Hobby
Welches Hobby hast du? Was machst du am liebsten? Im Idealfall ist dein Hobby deine Arbeit, aber wenn du schon in dieser Position wärest, würdest du jetzt vermutlich nicht dieses Buch lesen. Also solltest du neben der Arbeit noch ein Hobby haben, vielleicht sogar etwas, das du mal zu deinem Beruf machen kannst, auf jeden Fall etwas, das du liebst und dich begeistert. Aber es geht zunächst alles, was dich ablenkt und dir Freude bereitet — Musik hören, Singen ... ich liebe es zum Beispiel Biografien zu lesen und dabei höre ich oft meine Lieblingsmusik oder etwas Entspannendes. Wenn es mir nicht gut geht, kann ich stundenlang sitzen und lesen. Meine ganze Aufmerksamkeit konzentriert sich völlig auf das Lesen.

Methode 4: Sport und Bewegung
Du fragst dich sicher, wie Sport dir helfen kann, deine Depression und Traurigkeit zu überwinden. Die Antwort ist: Depression gibt es nur dort, wo ein passives Leben stattfindet. Depression überlebt nicht in einem aktiven und bewegten Körper. Aktivität und Depression sind zwei sich gegenseitig ausschließende Konzepte. Entweder gewinnt die Aktivität und du wirst deine Depression los, oder deine Depression übernimmt die Macht und du wirst passiv und verzweifelt. Es ist wie Feuer und Wasser — Bewegung und Depression existieren nicht zusammen! Zwinge dich bewusst dazu aktiv und beweglich zu sein. Fang an Sport zu treiben, geh ins Fitnessstudio oder einfach joggen.

Ein Beispiel aus meinem Leben:
Jedes Mal, wenn mein Kind für ein ganzes Wochenende zu seinem

Vater ging, ging es mir unglaublich schlecht. Ich saß zu Hause und weinte, bis ich eines Tages begriff, dass das so nicht jedes zweite Wochenende weitergehen konnte. Ich hatte wirklich starke Lust in solchen Momenten aktiv und beweglich zu sein. Aber manchmal fiel es mir auch sehr schwer und ich musste mich dazu zwingen und raus in den Wald! Frische Luft, Joggen, Lieblingsmusik und nur positive Gedanken. Ich verspreche dir: danach fühlst du dich anders. Einfach nur gut!

Joggen — ist wirklich das perfekte Mittel gegen Depressionen. Es bewegt den ganzen Körper. Du gewinnst an Kraft und Energie.

Methode 5: Persönliches Wachstum

Fang damit an Bücher über persönliches Wachstum zu lesen. Es gibt davon jede Menge. Wenn du solche Bücher liest, dann spürst du die positiven Gefühle und Energien; die Depression wird, zumindest für eine Weile, verschwinden. Also: Steigere dein Selbstwertgefühl.

Oder du kannst dir das als Hörbuch herunterladen und es beim Joggen hören, das wird dich völlig ablenken.

Melde dich für solche Kurse an. Schulungen über persönliches Wachstum sind sehr positiv. Dort wirst du Menschen treffen, die genau wie du besser sein wollen. Dabei kannst du viele Kontakte knüpfen. Wenn du ab und zu mal von anderen Menschen umgeben bist, ist das gut für dich — und du bist live dabei.

Wichtig: Bleib nicht allein mit deiner Depression, sonst wird sie dich auffressen.

Methode 6: Gumminotband

Gumminotband — das ist eine sehr berühmte und lustige Methode sich von negativen Gedanken zu lösen. Wie es funktioniert? Ganz einfach: Du machst ein Gummiband und um dein Handgelenk. Jedes Mal, wenn du einen negativen Gedanken zugelassen hast, ziehst du den Gummi mit voller Kraft ab und lässt es wieder los. Das tut natürlich weh — und du denkst sofort nur an diesen Schmerz. Deine negativen Gedanken werden dadurch unterbrochen. Und jedes Mal, wenn du einen negativen Gedanken zulässt, machst du so weiter — aber bitte nicht übertreiben nicht übertreiben. Im Laufe der Zeit wird sich ein Schema entwickeln: negative Gedanken = Schmerz. Das wird es dir erleichtern negative

Gedanken im Zaum zu halten.

Das funktioniert wirklich sehr schnell. Ich habe am Anfang zwar Dutzende Gummibänder zerrissen, aber irgendwann lassen die kreisenden Gedanken tatsächlich nach.

Methode 7: Weinen

Wenn du weinen willst — mach es. Halte dich nicht zurück. Damit kannst du dir wirklich helfen. Man fühlt sich irgendwie besser nach dem man richtig geweint hat. Alles Negative und der seelische Schmerz fließen mit den Tränen heraus.

Schau dir einen Liebesfilm an und lass den Emotionen freien Lauf. Heul dich richtig aus. Auch für Männer gilt: Starke Männer können auch weinen und kleine Schwächen zeigen. Sei stark, um schwach sein zu können.

Weinen ist eine einfache Methode, kurzfristig die Depression zu überwinden — und das Leben geht wieder weiter.

Manchmal hat unser Leben viele unangenehme Überraschungen für uns, und wir fühlen uns nicht immer in der Lage damit umzugehen. Auch ein starker Charakter ist noch längst keine Garantie gegen alle möglichen Lebenssorgen und Probleme. Man steht ständig unter Druck und fällt leicht in eine Depression.

Ich will jetzt versuchen, die wichtigsten Depressionsauslöser zu erkunden und werde dabei dir noch ein paar gute und effektive Tipps geben, wie man eine Depression überwinden kann und wie man am besten zukünftige Depressionen vermeidet. Ich werde mich langsam näher an die Ursachen der Depression herantasten.

Ursachen der Depression

Die Wissenschaft hat noch nicht alle Ursachen der Depression gründlich untersucht, aus dem einfachen Grund, dass jeder Mensch verschieden ist. Aber ich werde dir eine Liste der Standardfaktoren geben, die eine Depression oder eine Kombination von Depressionen auslösen können:

1. Arbeit

Schichtarbeit, Akkordarbeit oder jede starke körperliche Belastung bei der Arbeit führt auf Dauer zu Depressionen. Dies geschieht oft, wenn man Überstunden machen und bestimmte Aufgaben erledigen muss, die einfach nicht erledigt wurden. Erstes Anzeichen dafür ist die sinkende Leistung. Daraus entsteht ein ziemlich gespanntes Verhältnis zum Chef oder den Kollegen, die Arbeit scheint eintönig und langweilig. Man ärgert sich über schlechte Bezahlung, man wird immer unzufriedener. Mangelnde Aufstiegschancen kommen auch als ein Depressionsfaktor dazu.

2. Familie
Familiäre Probleme sind auch die wichtigen Faktoren, die Depressionen auslösen können. Häufige Streitereien mit Schwiegereltern oder dem Partner, Missverständnisse ...

3. Liebe
Liebe als Depressionsfaktor gehört zu den mächtigsten Motivatoren der Depression. Streit mit geliebten Menschen, Trennung und, besonders, Betrug enden in 65 % der Fälle mit einer tiefen Depression.

4. Wetter
Seltsamerweise steht das Wetter als ein Faktor in einem direkten Zusammenhang zu Depressionen. Es ist oft so, dass man nach einem warmen, sonnigen und aufregenden Sommer im Herbst dann wegen des tristen, dunklen Wetters in eine Depression verfällt.

5. Gesellschaft und die Menschen um dich herum
Ein weiterer Faktor ist der Konflikt mit der Öffentlichkeit, vor allem, wenn die Menschen versuchen ständig ihre Ansichten geltend zu machen oder Druck auf dich ausüben.

6. Identitätskrise
Wenn du dich ständig oder oft langweilst und nichts zu tun hast, dein Leben eintönig wird und nichts Positives passiert, du dich über nichts mehr freust, nichts mehr erwartest ... Dazu würde ich auch solche Faktoren beifügen, wie Geldmangel oder jedes negative Ereignis.

Dies ist eine kurze Zusammenfassung der Ursachen, die Depressionen auslösen können. Und diese Liste könnte man noch weiter fortsetzen. Aber wie ich dir schon oben gesagt habe: es bezieht sich auf jede Persönlichkeit individuell. Ich will dich auch darauf hinweisen, dass Depressionen durch jede Menge externe und interne Faktoren verursacht werden. Durch interne Faktoren passiert es besonders schnell: Wenn man anfängt zu analysieren und ständig über sich selbst und alles auf der Welt nachdenkt.

Symptome der Depression.

Trotz der Tatsache, dass die Ursachen der Depression eine ganze Menge von verschiedenen negativen Faktoren ist, sind die Symptome dabei fast alle gleich. Dazu gehören:

1. Müdigkeit
2. schlechte Stimmung
3. Verringerung oder Verlust des Appetits
4. geringes Selbstwertgefühl
5. negative Vorstellungen über die Zukunft oder gar keine
6. schlechter Schlaf oder Albträume
7. reduzierte körperliche Aktivität
8. Pessimismus
9. Gleichgültigkeit
10. das Leben verliert seinen Sinn

Wie komme ich aus der Depression heraus?

Nachdem ich dir die Liste der Ursachen aufgeführt habe, will ich jetzt zum wichtigsten Punkt kommen: Ich will dir sagen, wie man aus der Depression alleine herauskommt und wie man sie für längere Zeit loswird.

1. Arbeit
Wenn die Arbeit die Ursache der Depression ist, dann würde ich versuchen die damit verbundenen Probleme zu lösen. Wenn du deinen Job nicht einfach so wechseln kannst oder die Lösung der Probleme nicht in deiner Hand liegt, dann musst du das leider

akzeptieren und es ertragen. Aber dann solltest du langfristig planen deinen Job zu wechseln. Die schrittweise Erreichung dieses Ziels kann dir dann Motivation und Kraft zum Durchhalten bringen.

Wenn du dich bei der Arbeit mit schweren körperlichen Tätigkeiten befassen musst, so würde ich in diesem Fall versuchen zu entspannen. Versuche dich nicht unter Problemen zu begraben — und damit meine ich nicht nur körperlich, sondern auch geistig. Gönn dir etwas Schönes, etwas Entspannendes, vielleicht etwas Leckeres zu essen oder ein Schaumbad.

2. Familie

Wenn die Ursachen für deine Depression Probleme in der Familie sind, dann kann man das mit zwei einfachen Möglichkeiten lösen:

Der erste Weg ist sich zusammenzusetzen und über das Problem gemeinsam zu diskutieren. Jeder darf seine Sicht äußern und wenn etwas nicht passt, eine Lösungen für das Problem anbieten. Wenn man es nicht schafft einen Kompromiss zu finden, dann lässt man es so wie es ist, aber dann muss man mit negativen Folgen rechnen.

Der zweite Weg ist zu versuchen die Kommunikation mit der Familie nur auf das Notwendigste zu beschränken oder vielleicht sogar umzuziehen. So schwer es auch ist, aber man sollte sich selbst und seine seelische Gesundheit nicht dafür opfern, dass der Rest der Familie nicht gemeinsam nach einer Lösung suchen will.

3. Liebe

Liebe, oder genauer: Probleme in der Beziehung sind, wie schon gesagt, die häufigste Ursache für Depressionen. Als bestes Heilmittel nach einer Trennung sehe ich nur Zeit, aber es ist auch sehr wichtig sich selbst zu kontrollieren und sich nicht entmutigen lassen. Werfen wir einen genauen Blick darauf, wie man aus der Depression nach einer Trennung herauskommt:

Alle wiederholen ständig: *Du wirst einen besseren Partner finden, denk nicht mehr darüber nach, es war ein schlechter Mensch, alles wird gut.* Aber du willst nicht nach dem Besseren suchen, dein Herz ist schon so gebrochen und gleichzeitig kannst du nicht aufhören über ihn oder sie nachzudenken — die Wunde ist zu tief.

Dass er oder sie nicht gut für dich war weißt du inzwischen vermutlich selbst, und dass (irgendwann) alles gut wird, hast du auch schon mal gehört. Daran glaubst du aber kaum, denn ist schon mehr als eine Woche vergangen und es wird nicht besser. Alle sagen, dass es vergeht und alles was du brauchst sei nur Zeit. Nur: du glaubst das nicht und hast das Gefühl, dass der Schmerz niemals nachlassen wird. Glaub mir: Jeder denkt so wie du jetzt gerade und im Endeffekt vergeht der Schmerz trotzdem, bei allen … irgendwann.

Um die Depression nach der Trennung loszuwerden ist es völlig falsch sich alleine im Zimmer einsperren und zu weinen, während man sich auch noch passende Herz-Schmerz-Musik anhört. Dafür kannst du maximal zwei bis drei Abende deines Lebens opfern, denn es ist wichtig die Sache zu überwinden, hinter sich zu lassen und nach vorne zu schauen. Schäme dich nicht für dich selbst, du solltest dich auf keinen Fall zurückziehen. Bleibe bloß nicht allein in solchen Momenten, denn deine Einsamkeit wird dich völlig fertigmachen- und dadurch wirst du nur noch mehr Leid ertragen müssen. Es wird dir leichter fallen diese schwere Zeit deines Lebens zu überstehen, wenn du versuchst in Gesellschaft anderer Menschen zu sein.

Wie komme ich aus der Depression nach der Untreue des Partners heraus?
Nachdem du erfahren hast, dass dein Partner dir untreu war, sollst du dich als Erstes beruhigen und drüber wegkommen. Am besten sollte man in der Situation weit voneinander getrennt sein.
Warum ist das so?
Erstens muss man es tun, um die eigenen Emotionen zu mildern, sich zu beruhigen und dabei keine falsche Entscheidung zu treffen. Zweitens, damit du dich selbst auf diese Weise prüfen kannst, ob du ohne ihn oder sie ein Singleleben führen möchtest. Es ist völlig unnötig nach der Ursache in sich selbst zu suchen, denn dazu kommen solche Gedanken wie: *Ich bin unattraktiv* etc. Auch wenn es so ist wäre trotzdem die Handlung des Partners damit nicht gerechtfertigt. Für Untreue gibt es keine Entschuldigung. Aber trotzdem herauszufinden, warum der Partner das gemacht hat, ist wohl nicht verkehrt. Denn ohne diesen Schritt kann man sich noch

nicht für die weitere gemeinsame Zukunft entscheiden. Diese Frage zu klären wird wohl mindestens eine Woche in Anspruch nehmen Orienttiere dich an deinem Zustand. Wahrscheinlich brauchst du sogar einen Monat dafür oder etwas länger. Es kommt nur auf die Situation und deinen inneren Zustand an.

Auch hier gilt die Regel: Um nicht depressiv zu sein, bleibe nicht allein. Die Menschen, zu denen du Vertrauen hast, können eine gute Unterstützung in dieser schwierigen Zeit für dich sein. Verkriech dich nicht. Das Leben geht trotzdem weiter. Sprüche wie: *Das Leben geht auch ohne ihn/sie weiter. — Auch andere Mütter haben schöne Töchter (oder Söhne). — Alles wir gut, s*ind ja nicht ganz unrichtig, nicht wahr? Ich verstehe, es ist eine harte und schwere Zeit für dich, aber das geht vorbei. Eines Tages wirst du dich daran gewöhnen ohne ihn oder sie zu sein und du wirst trotzdem glücklich sein.

Nutze alle oben genannten Methoden, bleib nicht ständig allein zu Haus, geh öfter spazieren und verbringe die Zeit mit deinen Freunden. Aber am besten ist: sich eine Auszeit nehmen und einfach wegfliegen. Ich denke zwei oder drei Wochen am Meer, als ein notwendiger Tapetenwechsel, werden dir sicherlich gut tun.

4. Wetter

Die häufigste Wetterdepression ist die sogenannte *Herbstdepression*. Draußen regnet es nur, es ist noch lange hin bis zum nächsten Sommer oder Urlaub … Während dieser Zeit beginnt man viel über den Sinn des Lebens nachzudenken und man glaubt, das Leben sei umsonst. Versuche in solchen Zeiten am besten am Wochenende aus der Stadt rauszukommen, bleibe viel an der frischen Luft. Man kann sogar ein schönes Familiengrillen an einem warmen Herbsttag veranstalten. Eine Reise in eine andere Stadt wird dir auch gut tun. Verwöhne sich selbst mit kleinen Geschenken, um deine Stimmung etwas zu heben. Am Sommerende würde ich sogar noch ein paar schicke Kleidungsstücke für den Herbst kaufen, sodass man sich auf den Herbst freuen kann. Man wartet auf den Herbst, um es endlich tragen zu können.

5. Die Gesellschaft

Lass es dir gesagt sein: Kümmere dich nicht um die Meinung der anderen und widme ihnen nicht deine ganze Aufmerksamkeit. Du kannst dir die Meinung der anderen ab und zu mal anhören, aber lass dich niemals davon beeinflussen. Wenn die Menschen die dich umgeben dich ständig nur beurteilen, einschüchtern oder versuchen dich zu kritisieren, dann hör einfach auf mit solchen Menschen zu kommunizieren und das Problem wir von allein verschwinden. Lass nicht die anderen ständig deine Stimmung verderben!

Es gibt aber eine andere Möglichkeit sich davon zu lösen: Die beste Verteidigung ist der Angriff. Falls jemand dich ständig völlig unbegründet negativ beurteilt, beurteile ihn zurück. Wenn jemandem etwas an dir nicht passt, dann wehr dich. Wenn du gelernt hast dich hart gegen verbale Angriffe zu verteidigen, wirst es nicht mal bemerken, wie du plötzlich für die anderen ein Mensch ohne Mängel wirst.

6. Identitätskrise

Es kommt besonders oft vor, wenn du nur von Monotonie und Einsamkeit umhüllt bist. Es passiert nichts Positives im Leben und das Schlimmste ist: Das Leben verliert an Sinn. Die Lösung des Problems hängt im Wesentlichen von dir selber ab. Versuche deine letzten Kräfte zu mobilisieren, um ein neues Leben zu beginnen. Setz dich hin und analysiere alle deine Vorzüge und Mankos. Wie willst du dich selbst sehen? Formuliere und notiere all die Qualitäten, die du gern besitzen möchtest. Und später versuche das auszuleben, denn niemand verbietet es dir.

Wenn du mit deinem Leben nicht zufrieden bist, dann ist das ein deutliches Zeichen dafür etwas zu ändern. Ich finde, das Leben geht so schnell vorbei, dass man nicht rumsitzen und über seinen Sinn nachdenken sollte, man sollte es genießen, solange es geht.

7. Babyblues

Diese Art von Depression ist sehr speziell und ich wünschte, ich könnte etwas mehr ins Detail gehen. Viele junge Mütter verfallen schnell in eine Depression, denn sie fangen an zu glauben, sie seien nicht mehr attraktiv und hätten ihren weiblichen Reiz verloren. Man denkt, man wäre viel älter, schon allein wegen der vielen Sorgen, die das kleine Wesen einer jungen Mutter bereiten kann. Man widmet seinem Kind viel Aufmerksamkeit, was auch völlig normal ist, aber man vergisst dabei sich selbst.

Schwangerschaft und Geburt sind zwei der wichtigsten Prozesse im Leben einer Frau und damit auch eine große Belastung für Körper und Psyche. Der Körper bereitete sich lange darauf vor und glaub mir, die frühere Schönheit wird wieder zurückkehren. Wichtig ist, ein wenig Zeit für sich selbst zu investieren. Wenn du eine junge Mutter bist, dann heißt es nicht automatisch, dass du dich nicht schön kleiden kannst. Gönne dir etwas Schönes: Schwimmbad, Sauna, Massage. Alles, wonach du dich sehnst. Beginne langsam mit Sport. Geh joggen an der frischen Luft, während die Großeltern auf das kleine Wesen aufpassen. Gönn dir etwas Ruhe. Glaub mir, das braucht dein Körper. Und vermeide jede psychische Belastung, denn das wird dir helfen eine Depression zu vermeiden.

Fazit: Es ist wichtig, sich die richtige Einstellung vorzunehmen. Und das wäre: Alles wird gut und für jedes Problem gibt es immer eine Lösung. Beschäftige dich ab und zu mit Selbstanalyse, versuche herauszufinden was dich am meisten stört und analysiere die Gründe dafür. Dann erstelle eine Liste der Dinge, die dich glücklich machen und das, was in dein Konzept *glückliches Leben* hineinpasst. Nun wird dir diese Liste jedes Mal zeigen was dich bewegt und was dein Ziel ist.

Also, es ist möglich eine Depression ohne Psychologen zu heilen. Außerdem:

1. Befreie dich von der Routine, gönne dir mehr Abwechslung und Spaß.
2. Denk daran: Deine Arbeit ist für dich da und nicht du für die Arbeit.
3. Gönne dir öfter ein entspannendes warmes Schaumbad und höre schöne Musik dabei — es hilft wirklich viel weiter.
4. Garderobenwechsel: Geh shoppen und kleide dich neu ein.
5. Triff dich nur mit positiven Menschen.
6. Iss mehr Obst und Gemüse, denn Vitamine sind für deine gute Stimmung sehr wichtig.

Nutze diese Tipps in der Zukunft, um Depressionen zu vermeiden. Wenn eine Depression etwas zu lange anhält, nimm dir ein pflanzliches Beruhigungsmittel, gönne dir eine Massage, geh zum

Yoga. Aber wenn deine Depression länger als einen Monat anhält würde ich nicht länger warten und mir schnell einen Arzt suchen.

Angst & Co

Weißt du, was meine größte Angst war? Du wirst es sogar glauben: Es war Angst vor Menschenmengen. Ich hatte auch Angst vor dem Zahnarzt — und das war wirklich ein für mich sehr traumatisches Erlebnis:
Ich wurde mit neun Jahren von meiner überbesorgten Mutter von der Schule abgeholt, da ich zum Zahnarzt musste. Stell dir mal vor: Ich musste zum Zahnarzt! Mit meinen acht Jahren konnte ich das wirklich nicht fassen. Ich wollte völlig frei und selbst darüber bestimmen, ob ich zum Zahnarzt gehe oder auch nicht. Natürlich, das meinen wir doch ernst mit acht Jahren.
Das Gefühl von damals kenne ich immer noch und das sitzt in mir fest, nur mit einem klitzekleinen Unterschied: Ich habe zwar immer noch die Angst, oder wie ich es bezeichnen würde: einen unangenehmen Spannungszustand, aber(!) ich gehe trotzdem hin. Ja, zum Zahnarzt.
Mit 28 war ich immer noch fest davon überzeugt dass ich eine Angstpatientin sei. Panikattacke … Ich denke, davon hast du schon zumindest etwas gehört, vielleicht sogar erlebt. Eine Panikattacke ist eigentlich nichts anders, als das einige Minuten lang anhaltende Auftreten einer körperlichen und psychischen Alarmreaktion. Oft ist es sogar ohne einen bestimmten objektiven äußeren Anlass. Das heißt:Es gibt eigentlich gar keinen erkennbaren Grund für eine Panikattacke. Und all diese unangenehmen Spannungssymptome, die man während einer Panikattacke erleidet sind absolut harmlos; unangenehm, aber harmlos!
Also: Versuche dir selbst einzubilden, dass deine Panikattacke nichts anderes ist, als nur ein Gedanke. Dadurch lernst du auch mit der Angst, und in der Folge, mit allen möglichen Begleitsymptomen richtig umzugehen.
Angst lähmt, das ist wohl wahr. Aber nur solange du denkst, dass Angst und Panikattacken etwas Gefährliches sind und du daran

sterben kannst. In Wirklichkeit ist das so gut wie unmöglich. Ja, na klar, man kann sich auch einiges einbilden. Aber so was machst du doch gar nicht, oder?

Versuche es doch einfach mal mit autogenem Training: Leg dich bequem auf den Rücken und atme dabei ruhig und entspannt. Konzentriere dich auf dein Atmen und denke über absolut nichts nach. Schalte einfach ab. Solche Ruhepausen solltest du dir am besten mindestens zweimal am Tag gönnen. Nachdem du merkst, dass deine Atmung ruhig und ausgeglichen wird, lege deine Hände auf den Bauch, etwas oberhalb vom Bauchnabel, und versuche zu spüren, wie deine Atmung sich anfühlt. Versuche dich bewusst darauf zu konzentrieren deine ruhige und entspannte Atmung aufrechtzuerhalten. Spüre, wie deine Bauchdecke sich hochzieht und sich wieder entspannt, mit der Ausatmung langsam herunter sinkt. Entspann dich, es wird alles gut. Ich bin bei dir und du denkst jetzt über gar nichts mehr nach. Ach ja: und schließe dabei die Augen. Versuche es mit dieser Übung. Am besten täglich. Nicht aufgeben!

Mein nächster Tipp ist, dass du versucht nicht allein zu sein. Es sei denn, du gönnst dir ab und zu mal eine Ruhepause, wie oben beschrieben. Ansonsten: Geh immer raus, immer spazieren, genieße dein Leben im wahrsten Sinne des Wortes. Wie du weißt leben wir nur einmal. Spaziergänge an der frischen Luft werden dir bestimmt guttun. Ganz unabhängig davon, ob es Winter oder Sommer ist, ob es regnet oder nicht. Wenn du merkst, dass es wieder losgeht und du weißt, was ich jetzt damit meine, unternimm etwas dagegen. Zieh dich an und geh spazieren. Ja, spazieren, kein Auto fahren.

Deine ständigen Angstbegleiter sind bestimmt: Schwindel, Herzrasen, Atemnot, Muskelschwäche, Kribbeln, Kloß im Hals, schmerzhafte Muskelverspannungen, kalte Schweißausbrüche etc. Ja, das sind alles unangenehme und unbeschreiblich störende Sachen, die belasten deinen Alltag und deine Lebensqualität. Das kann ich wirklich so sagen, denn ich hatte damit auch jahrelang zu kämpfen. Das verschwindet nicht einfach so von allein. Also, bleib am Boden und mach dir keine unnötigen Hoffnungen, dass es vielleicht irgendwann von allein verschwindet — da muss ich dich leider enttäuschen.

Der Kampf ist hart, aber es lohnt sich. Und du kannst mir glauben: Jedes Mal wenn du spürst, dass es jetzt losgeht und es absolut nicht nachlässt, bleibe nicht still an einem Platz sitzen, aber bewahre auch die Ruhe, egal wie schwer es dir fällt.

Wenn du sicher bist, dass körperliche Ursachen für die Symptome ausgeschlossen werden können und es eine Panikattacke sein muss, dann kannst du dich schon mal beruhigen.

Also, wenn es losgeht, egal wo (bei der Arbeit, im Fitnessklub, beim Einkaufen, beim Autofahren und so weiter), beruhige dich und atme tief ein und langsam wieder aus. Das ist das Erste, was du dir angewöhnen sollst — jedes Mal, wenn es losgeht.

Danach suche dir einen Platz, wo du für dich allein sein kannst. Wenn es geht, geh am besten auf Toilette und denke nicht an die anderen. Die sollen für dich absolut uninteressant sein. Es ist völlig egal, was die anderen denken. Danach sag zu dir selbst: "Ich weiß, es ist nur ein Gedanke und ein einfacher Gedanke kann mir doch nichts antun." Merke dir: Du kannst nicht an einer Panikattacke sterben! Es ist völlig unmöglich. Es sei denn, wie es mir einmal mein Hausarzt versichert hat, du springst aus dem Fenster. Aber so was machst du doch wohl nicht. Du bist ein starker und selbstsicherer Mensch und eine Panikattacke zu bewältigen ist doch keine große Sache für dich.

Stelle dich ständig deiner Angst entgegen. Habe keine Angst davor! Suche bewusst Situationen auf, die deine Angst sogar noch auslösen und eine daraus folgende Panikattacke begünstigen können. Das ist doch wunderbar! Du hast schon Mal die Kraft gefunden bewusst zu kämpfen, und dich mit der Angst auseinanderzusetzen. Laufe nicht davon! Es bringt nichts. Halte die Panikattacke durch. Es ist völlig ungefährlich — aber nur wenn du genau weißt, dass körperliche Ursachen für die Symptome ausgeschlossen werden können.

Ich liebe Pferde. Es sind wunderschöne, starke und ruhige Tiere und sie können unsere Psyche sehr positiv beeinflussen. Ich hatte angefangen zu reiten. Es war nicht einfach, aber es hat sich gelohnt. Nach ein bis zwei anstrengenden und gleichzeitig wunderschönen Reitstunden, kam ich nach Hause — völlig entspannt und ausgepowert. Ich will dir damit nicht sagen, dass du unbedingt aufs Pferd steigen sollst. Aber generell wird dir eine sportliche Betätigung guttun. Unglaublich gut! Einfaches Joggen wird dir eine gute Portion Ruhe verschaffen und du wirst spüren, dass du nur gute Gedanken im Kopf hast. Es reicht, wenn du es täglich 30 Minuten lang machst. Ich hoffe, solche Kleinigkeiten wie Muskelkater und Co werden dich nicht abschrecken.

Und denke an positives Zureden. Immer positiv denken, egal wie schwer es dir manchmal fällt.

Nachdem du langsam lernst dich selbst zu beruhigen — jedes Mal, wenn deine Panikattacke wieder auftritt — wirst du merken, dass viele der Begleitsymptome sich langsam in Luft auflösen werden. Angst und Unsicherheit werden auch nachlassen. Nur: Du musst immer dran bleiben und nicht aufgeben. Es kann sogar Monate dauern, bis du die ersten kleinen Erfolge bemerkst, aber es lohnt sich!

Noch ein guter Tipp: schöne, positive Musik. Ich höre mir oft im Auto, während der Fahrt zum Kindergarten und danach zur Arbeit, nur meine Lieblingssongs an. Am besten etwas Positives und Lebensfreundliches. Höre auf deinen Körper und du wirst merken, was dir guttut.

Atme ruhig und entspannt. Lass dich nicht irritieren. Führe ein Tagebuch, wo du deine Ängste niederschreiben kannst. Schreibe und notiere, was dir besonders aufgefallen ist — oder vielleicht sogar einen kleinen Erfolg!

Wenn ich jetzt zurückblicke fällt mir ein, dass ich eine Panikattacke sogar schon bekam, wenn ich bloß Hungergefühle hatte oder leichte innere Anspannung. Sogar solche Faktoren konnten bei mir eine heftige Panikattacke auslösen. Und dann ging es richtig los. Ich wusste nicht, wohin mit mir selbst. Ich war oft und viel allein mit meinem Sohn. Und die Einsamkeit ist wirklich nicht der beste Freund, um die Angst zu bewältigen.

Innere Anspannung, ein kleiner Infekt wie zum Beispiel eine Erkältung oder Bewegungsmangel — all das kann schon eine Panikattacke auslösen. Denn diese *Auslöser* können oft nicht vom Betroffenen selbst als Ursache erkannt werden.

Suche dir eine vertraute Bezugsperson, mit der du darüber reden kannst. Eine Panikattacke kann zum Teufelskreis werden, wenn du nicht eingreifst. Wenn du sicher bist, dass körperliche Ursachen ausgeschlossen sind, konzentriere dich einfach darauf, immer Ruhe zu bewahren. Das ist leicht gesagt, aber ich habe es selber hinter mir. Ganz ohne Psychologen und Co.

Oft werden Notärzte zu Hilfe gerufen. Ich finde, dadurch wird nur die *Gefährlichkeit* des Geschehens unterstrichen und dadurch noch deutlicher gemacht. Man bekommt eine Beruhigungsspritze und jedes Mal, wenn es wieder losgeht, begibt man sich rasch in ärztliche Behandlung, weil man fest daran glaubt man sei unheilbar krank oder bekäme einen Herzinfarkt. Man wird aber zugleich noch abhängiger von anderen und das macht die Sache nicht leichter. Ganz im Gegenteil.

Ich will dir damit nicht sagen, dass du ganz allein mit der Angst kämpfen sollst. Auf keinen Fall. Bleib nicht allein. Nur versuche doch einfach, nicht gleich den Notarzt zu Hilfe zu rufen, wenn du *Es* wieder spürst.

Ängste haben die Eigenschaft sich auch zu verstärken. Besonders, wenn man sich viel zu oft irgendetwas einbildet. Das nennt sich *hohe Angstbereitschaft*. Mein Tipp gleich dazu: Lies dir bitte nicht alle möglichen Krankheitsgeschichten im Internet durch. Es bringt nichts. Dadurch wird nur die eigene Angsteinbildung noch stärker. Das habe ich früher auch gemacht, bis ich eines Tages begriffen habe, dass es völlig unnötig war. Niemand, außer einem Arzt, kann dir eine genaue Diagnose stellen. Und schon gar nicht per Telefon oder Internet. Man denkt, dass das was da steht alles auf einen zutrifft, als würde man über sich selber lesen, nicht wahr? Erkennst du das wieder? Alles passt perfekt in das Angstschema, und dadurch bestätigt sich das Gefühl der Richtigkeit — der scheinbaren Richtigkeit.

Ich hatte auch oft die Angst, während einer Panikattacke ohnmächtig zu sein. Oder wenn ich zum Arzt musste, wegen der Blutabnahme. Ich konnte mir das Blut nicht ansehen. Ich hatte nie eine Spritzenangst, aber wenn ich das Blut gesehen habe, da ging es mir einfach nicht gut. Eines Tages hatte ich ein ziemlich offenes und ehrliches Gespräch mit meiner Nachbarin. Ich vertraute ihr und ich war wirklich froh jemanden zu haben, der ein Ohr für meine Sorgen hatte, denn meine gesamte Familie war über 2.500 Kilometer weit entfernt. In dem Gespräch hatte ich erzählt, dass

jedes Mal wenn ich meine Panikattacke hatte, mit allen Begleitsymptomen, ich ständig die Angst hätte, dass ich ohnmächtig werden könne. Und was ist danach? Ihre Antwort darauf war einfach
wunderbar und genial, denn alles Geniale ist einfach. Sie hat nur
gesagt: "Na und? Du fällst um und nach einer bestimmten Zeit
wachst du wieder auf."

Jedes Mal, wenn du deine Panikattacke hast und kurz davor bist
einen Notarzt zu rufen, wenn du Angst hast ohnmächtig zu werden,
sage einfach zu dir selber: "Ich will jetzt ohnmächtig werden. Ich
will jetzt endlich wissen, wie es sich anfühlt." Und lächle dich selber dabei an. Stelle dich also bewusst deiner Angst entgegen.

Wie kann ich positiv auf negative Menschen reagieren?

Lass uns mal kurz nachdenken ... über einen Menschen, den du
magst. — Und jetzt über jemanden, den du nicht magst.

Beachte mal kurz Folgendes: Wenn du über jemanden nachgedacht
hast, den du wirklich magst, dann entsteht innerhalb kurzer Zeit ein
schönes Bild im Kopf und positive Emotionen, nicht wahr? Aber
wenn du über eine negative Person nachdenkst, dann fühlst du dich
einfach nicht gut und unwohl und es entstehen viele negative Emotionen. Dieses Bild entsteht nur aufgrund deiner Erfahrung, die du
mit diesem Menschen gemacht hast oder bestimmten Situationen,
die du als negativ empfunden hast. Und selbstverständlich, wenn
man nur gute Erfahrungen mit einem Menschen gemacht hat, dann
fühlt es sich auch gut an.

Dieses Gefühl entsteht aufgrund bestimmter positiver oder nega-
tiver Emotionen, die man eigentlich auch kaum bemerkt, wenn
man über einen Menschen nachdenkt. Aber das Geheimnis ist, dass
man selbst bestimmt über diese Emotionen und die Bilder, die
dann im Kopf entstehen. Und erst wenn man selbst über die Emotionen bestimmen kann, schickt das ganz andere Signale ins Gehirn, was einen auch in einen ganz anderen Zustand versetzt. Man
reagiert dann auch anders auf bestimmte negative Menschen.

Ich wünsche mir wirklich, dass du es versuchst. Übe es einfach mal.

Denk mal kurz über jemanden nach, den du überhaupt nicht magst, aber du wünschst dir trotzdem ein gutes Verhältnis mit ihm aufzubauen. Ich will, dass du es wirklich versuchst; und denke bitte über jemanden nach, der dir einfach unangenehm erscheint. Dann wirst du feststellen, wie rasch deine Meinung über diesen Menschen sich gebildet hat. In diesem Fall wirst du es wirklich klar feststellen: es ist negativ.

Oder, wenn du einfach Angst vor jemandem hast, aber dieser Person täglich begegnen musst, da habe ich einen guten Tipp für dich — bei mir wirkte es fast immer: Jedes Mal, wenn du diesen Menschen siehst und du die innere Angst schon spürst, stell ihn dir einfach sitzend auf der Toilette vor. Er sitzt und strengt sich an. Der Arme ... Ich lächle gerade. Das sieht doch bildlich einfach lustig aus. Zerstöre das negative Bild einfach komplett. In deiner Vorstellung darf es nur klein, grau und verschwommen erscheinen.

Lass uns üben: Schau dir etwas an ... und jetzt schließe deine Augen und stelle dir es bildlich im Kopf vor. Wie sieht es denn aus: Ist das ein klares, farbiges Bild oder eher matt und verschwommen? Und jetzt, schicke es einfach weit weg. Weit aus deinem Gedächtnis und vergiss es. Mach auch dasselbe mit deinen negativen Gedanken über jemanden. Überlege: Vielleicht, hat dieser Mensch etwas Positives an sich, was du einfach übersehen hast. Versuche es detailliert zu beschreiben, seine positiven Eigenschaften — denn jeder von uns hat die. Und jetzt ersetzt du dein negatives Bild mit einem positiven. Und am besten genau dort, wo es dir am unangenehmsten erscheint. Zum Beispiel ein bestimmtes negatives Erlebnis mit diesem Menschen: ersetze es durch ein positives Erlebnis.

Und jetzt ordnen wir alles der Sache zu. Du denkst wieder mehrmals über diesen Menschen nach und achtest darauf, dass in deinem Sinn nur positive Bilder und Emotionen entstehen und spielst das neue Bild mehrmals im Kopf ab ... ein paar Minuten lang. Du bildest eine bestimmte Assoziation, wenn du über jemanden nachdenkst, den du früher überhaupt nicht mochtest, und, das Erste was passieren soll ist, dass nur positive Gedanken entstehen, positive Erfahrung abgerufen werden und dieser Mensch nur als positives Bild in der Vorstellung erscheint. Alles Weitere ist ganz einfach: Ein positives Bild verursacht ein nächstes positives Bild und du hast das Gefühl, als hätte diese Person unglaublich viele positive Eigenschaften. Du fragst dich selbst: "Warum habe ich es nicht schon früher gemerkt?"

Und wenn du schon so ein gutes Verhältnis zu jemandem hast, aber du wünschst es noch besser zu machen, dann beachte Folgendes:

1. Stell dir diesen Menschen bildlich vor und achte darauf, welche Bilder in deinem Kopf entstehen.
2. Denke an die Erfahrungen, die du mit ihm gemacht hast und wähle einfach die besten aus.
3. Jetzt ersetzt du das erste Bild mit dem neuen Bild.
4. Versuche nun es bildlich in deiner Vorstellung zu verfestigen. Es soll sehr positiv und farbenfroh erscheinen.
5. Die Hauptsache ist, dass du deine Meinung über jemanden selber bildest, wenn du über diesen Menschen nachdenkst.

Wenn du versuchst das negative Bild mit positiven zu ersetzen, ändert sich auch dein Verhalten der Person gegenüber. Wenn du das schaffst wirst du es sehen, dass dieser Mensch dich dann auch anders behandelt.

Denke an den Zustand, als du dich sehr stark in jemanden verliebt hattest. Ja, mach es bitte jetzt. Ich bin sicher: Wenn du an einen geliebten Menschen denkst, dann findet sich an ihm sicherlich nicht mal eine einzige negative Eigenschaft, stimmt? Warum? Weil dieser Mensch keine negativen Eigenschaften besitzt? Na klar doch, die haben wir doch alle. Du bist einfach nur so stark auf die positiven Eigenschaften dieses Menschen fokussiert, dass alles Negative, was er hat, von dir übersehen wird. Und deshalb hast du, wenn du über diesen Menschen nachdenkst, nur positive und angenehme Bilder im Kopf.

Und umgekehrt: Wenn du an jemanden denkst, den du nicht magst — da siehst du doch nur negative Eigenschaften. Meinst du wirklich, dass dieser Mensch keine einzige positive Eigenschaft hat? Natürlich hat er die. Und vielleicht sogar noch mehr positive als negative. Aber du bist auf *negativ* fixiert und übersiehst das Gute an ihm, denn die Erfahrung die du mit ihm gemacht hast ist leider negativ und deshalb entstehen auch nur negative Bilder in deiner

Vorstellung.

Ein wichtiges Detail: du kannst dein Verhalten ihm gegenüber sogar kontrollieren, indem du alle negativen Vorstellungen über diesen Menschen änderst. Und genau anders herum machst du es, wenn du jemanden vergessen willst: Du zerstörst all das Positive an diesem Menschen und alle guten Erlebnisse mit ihm zusammen und ersetzt sie mit einem negativen Bild. Und jedes Mal, wenn du an diesen Menschen denkst, bekommt dein Gehirn automatisch nur negative Signale und es bildet sich eine negative Meinung.

Ich bin sicher, du hast es verstanden. Du konzentrierst dich einfach nur auf diejenigen Eigenschaften eines Menschen, die du an ihm sehen willst — positiv oder negativ. Oder notiere einfach alles auf einem Zettel, was dir helfen kann eine bestimmte Meinung über jemanden zu bilden. Es lohnt sich immer alles aufzuschreiben, denn wenn du alle deine Gedanken zu Papier bringst, strukturierst du gleichzeitig den Gedankenverlauf und es entstehen Genauigkeit und Ordnung, was man auch nicht immer automatisch im Kopf hat.

Ein guter Anführer, wie ist der?

Lass uns in diesem Kapitel darüber reden, wer ein guter Anführer ist und welche Qualitäten er besitzt.

Ein Anführer ist ein Mensch der in der Lage ist, andere Menschen anzuleiten, anzuführen, mitzureißen, zu beeinflussen und zum Mitdenken zu bringen. Führung beginnt mit der Eigenschaft sich selbst gut kontrollieren zu können, und als Erstes-- seine Gedanken und Emotionen. Denn, wie du schon weißt: Von deinen Gedanken und Emotionen hängt auch deine Zukunft ab. Bevor du lernst andere Menschen zu führen, musst du erst lernen den Menschen zu kontrollieren und zu führen, den du täglich im Spiegel siehst. Denn dieser Mensch braucht auch einen guten Anführer. Wenn du in der Lage bist dich so klug selbst zu führen, dass du zu 90 % positiv und gelassen dabei bist — dann schaffst du es auch andere Menschen oder gar Gruppen positiv zu beeinflussen.

Ich sage aber im Voraus, dass ein guter Führer kein Manipulator ist, sondern ein Motivator. All seine Handlungen sind darauf ausgerichtet, die anderen positiv zu motivieren. Es ist aber kein Geheimnis, dass jeder von uns natürlich an sich selbst denkt. Und wenn jemand das Gegenteil behauptet, sei dir sicher: Entweder er lügt oder er ist naiv genug zu glauben, dass er sich wirklich als Erstes immer nur um die anderen kümmert.

Warum sich ein guter Manager oder ein guter Anführer so gut um andere kümmern kann? Weil er sich in erster Linie um sich selbst kümmert und Energie und Kraft hat, um das Erreichte mit den anderen zu teilen. Es ist wie mit Geld: wenn du genug hast und dir geht es gut, dann bist du auch in der Lage etwas für andere zu spenden. Aber wenn man selbst nichts zum Beißen hat, dann denkt man auch nicht an die anderen. Das mag etwas egoistisch klingen, aber so funktioniert das Leben. Denn ein Anführer ist in erster Linie ein Mensch, der sich selbst gut im Griff hat. Er hat jede Menge freie Energie, um sie mit anderen zu teilen. Und nur durch seine starke und stabile Energie ist er in der Lage die anderen zu führen.

Als positive und freie Energie verstehe ich kreative und bildende Energie, die jeder Mensch braucht, um etwas zu erstellen oder zu erreichen. Doch die meisten haben gerade mal genug Energie um zu überleben. Es gibt aber Menschen, die haben nicht mal das. Und dadurch wird dann auch die Lebensqualität schlechter. Nur wenige von uns haben diese positive Kraft und Energie, um die Lebensqualität gesichert zu halten und dabei noch über die Zukunft nachzudenken. Freie Energie ist wie Taschengeld, das man zu Verfügung hat, nachdem man alle Rechnungen bezahlt hat. Übrigens: Energiemenge und Geld sind direkt proportional zueinander.

Hast du gemerkt, dass alle guten Chefs und Manager Menschen mit hohem Energiepotenzial sind? Ein Anführer versucht nicht ein Anführer zu sein, sondern er erreicht sein Ziel. Denn ein Anführer, der ständig nur danach strebt ein Anführer zu sein, ist sehr unsicher, denn er will nur seinen Status haben und den anderen zeigen, wie wichtig er ist. Dadurch steigert er auch sein Ego und versucht die anderen dabei gleichzeitig zu unterdrücken oder zu erobern. Sein Ego ist befriedigt und er fühlt sich wie ein echter Held.

Die echten Anführer streben nicht nach dem Status. Die anderen spüren einen guten Anführer und werden von ihm angezogen. Er hat eine magnetische Wirkung auf die anderen. Viele Menschen haben nicht die Energie etwas Großes zu erreichen; und wenn sie einen Menschen sehen, der diese Energie besitzt, versuchen sie immer näher an ihn heranzukommen, um etwas davon abzukriegen. Denn dieser Mensch strahlt Energie und Optimismus aus.

Ein guter Anführer teilt seine positive Energie immer unbewusst mit. Als Beispiel: ein volles Glas Wasser. Wenn man Wasser nachfüllt, dann läuft es über. Das Glas ist der Mensch, Wasser ist die freie Energie. Man braucht nur etwas vom Wasser, das noch ins Glas hineinpasst. Alles was über ist, ist für die anderen.

Ein guter Anführer weiß immer, wer er ist und es ist sehr schwierig sein Selbstbewusstsein zu untergraben, denn er kennt seine Stärken und Fähigkeiten und glaubt an sich. Denke daran, dass der erster Schritt ein guter Anführer und Manager zu werden, die Kontrolle über sich selbst ist. Wenn du das beherrscht, dann wird auch dein Selbstbewusstsein unerschütterlich.

Ein guter Führer hat tiefes Vertrauen in sich selbst. Dieses Vertrauen und Selbstsicherheit dienen als Kern seiner Lebensposition und seines Verhaltens gegenüber anderen. Selbstvertrauen gibt ihm die Sicherheit, sich selbst so zu nehmen, wie er ist. Dadurch bildet sich eine Schutzschicht zwischen ihm und der Welt, was ihm auch ermöglicht sich leichter und gelassener im Leben zu bewegen. Ich denke, in dieser Welt funktioniert das Prinzip 80/20, das heißt: 80 % der Menschen sind negativ und man benötigt viel Selbstvertrauen, um solche Menschen zu ignorieren. Diese tiefe Selbstsicherheit findet ihren Ausgangspunkt in der Gewissheit über die Zukunft. Jeder Mensch ist in der Lage sein Leben im Griff zu halten, wenn er nur ruhig und gelassen bleibt. Wenn man beunruhigt ist, dann wird man hektisch; das ist Gift für das Selbstvertrauen und infolgedessen entscheidet man falsch. Einen Menschen, der zuversichtlich in seine Zukunft blickt, kann man hingegen nicht verunsichern. Diese seelische Ruhe erlaubt dem Menschen immer kristallklares Denken und dadurch auch die richtigen Entscheidungen zu treffen.
Kennst du das alte Sprichwort: *Die Hunde bellen, aber die Kara-*

wane zieht weiter? Genauso ist es auch mit starken Menschen: negative und böse Menschen werden ständig versuchen sie aufzuhalten, aber ein echter Anführer weiß wer sie sind und lächelt nur darüber.

Epilog

Was bedeutet es, das Ziel zu erreichen?

Was denkst du, warum hast du jetzt immer noch nicht dein Traumauto und kannst dir immer noch keine teure Kleidung leisten oder Diamanten tragen oder dort leben, wo du schon immer leben wolltest? Ganz einfach: Weil dein Denken noch nicht die Ebene eines Menschen erreicht hat, der sich das schon alles leisten kann. Man erreicht seine Ziele nur dann, wenn das Denken sich der Ebene eines Menschen nähert, der schon ein solches Leben lebt. Ein Leben, von dem du leider nur träumst.

Mit anderen Worten: Ziele sind das Maß für die Entwicklung unseres Denkens und nichts anderes. In der Wirklichkeit ist unsere innere Welt die einzige realistische Welt, die existiert. Deine Außenwelt spiegelt deine innere Welt. Wenn du im tiefsten Inneren sehr ruhig und ausgeglichen bist, dann wirst du auch nur von solchen Menschen in der Realität umgeben sein. Den Menschen also, die dich ruhig und optimistisch sein lassen. Und diese Menschen werden dir immer dabei helfen, deine Ziele zu erreichen. Wenn deine innere Welt nur Liebe und Respekt gegenüber anderen ausstrahlt, so bekommst du das Gleiche auch immer zurück. Wenn deine innere Welt jedoch im Chaos versinkt, so wird es auch die Ereignisse in deiner Realität beeinflussen.

Deine innere Welt spiegelt deine Außenwelt. Wenn du dir vorgenommen hast, etwas zu erreichen — in der Wirklichkeit — kommst du auf das nächsthöhere Niveau deines Lebens. Und dafür sind Ziele auch da: um sich eines Tages zu realisieren.
Zum Beispiel willst du dich selbstständig machen und nimmst dir

vor, in drei Monaten damit loszulegen. Das heißt, du hast ein Ziel: dein Denken auf das höhere Niveau zu bringen, und so zu denken, wie ein Geschäftsmann es machen würde. Wenn du anfängst so zu denken und versuchst dich in deine neue Lebensposition hineinzuversetzen, dann findest du auch schnell das, was du gerne machen willst. Dein zielgerichtetes Denken wird dich im wahrsten Sinne des Wortes immer nach vorne bewegen.

Seine Ziel zu erreichen heißt, sich auf der neuen Ebene des Denkens zu bewegen. Und wenn du völlig darauf konzentriert bist dein Ziel in der Realität schnell zu erreichen und gleichzeitig denkst, wie du es auf die neue Ebene deines Denkens schaffst, die auch deinen Zielen entspricht, dann wirst du auch dein Ziel schneller und effektiver erreichen können. Wenn du an deiner physischen Realität arbeitest, wird sich auch deine innere Welt positiv verändern. Aber wenn du mehr an deiner Innenseite arbeitest, wird sich auch schneller deine Außenwelt die Änderungen vornehmen.

www.ingramcontent.com/pod-product-compliance
Lightning Source LLC
Chambersburg PA
CBHW050508290526
45786CB00006B/2487